ENNEAGRAM
九型人格 解碼
擁抱自由與成長

性格分析 × 職場分析 × 愛情分析
從性格迷霧到自我覺醒的全景之旅,現代人需要的心理自我診斷書!

◎ 九種人格背後藏著什麼祕密?
◎ 難道人生只能被性格束縛嗎?
◎ 你真的,了解自己嗎?

文心 —— 著

九型人格不是分類,而是了解世界的窗口
揭開性格的面具,直視內心深處的真實本我!

目錄

前言　找回真我………………………………………005

第一章　九型人格是什麼？…………………………009

第二章　1號完美者：理想至上，追求完美…………023

第三章　2號給予者：捨得給予，捨得付出…………047

第四章　3號實做者：效率與成功的化身……………071

第五章　4號浪漫者：情感至上，重視美感…………095

第六章　5號沉思者：孤獨中的追尋者………………119

第七章　6號懷疑者：懷疑所有，謹慎不安…………143

第八章　7號享樂者：人生得意須盡歡………………167

第九章　8號領導者：強權的化身……………………189

第十章　9號和諧者：犧牲自我的和平主義者………211

第十一章　九型人格測試法…………………………235

第十二章　賦予心靈自由的翅膀……………………263

附：九型人格九九表…………………………………275

目錄

前言　找回真我

　　西方哲學家柏格森（Henri Bergson）有言：「我們的性格即我們自身。」因此，我們想要了解自身，必先了解自己的性格。性格是先天的，也是後天的，是持續變化的，同時也是具發展性的。因為我們身處的世界無時無刻不在變化之中，所以古代哲人才教導我們要「唯變所適」。性格在我們與外界不斷摩擦和對抗中形成，並幫助我們面對世界。當我們在童年時受到父母或長輩的譴責、在成長過程中受到某種挫折或創傷，我們便自然而然地發展出一種「反應機制」，以「最佳防禦姿態」來應對外在的困難和挑戰，避免自己受到同樣的傷害。此時我們發現：不誠實比誠實更容易解決問題；與其說出自己的需求被大人責罵，還不如否定自己也有需求的事實；只有粗魯強硬地堅持到底，別人才會屈服……漸漸地，我們就在這種違背本我的行為中越走越遠，忘卻了本我，轉而將這些「最佳防禦姿態」當作我們的心靈導師。而這些「最佳防禦姿態」，就漸漸形成了我們的性格。性格是對真實自我的凌辱，是對自由心靈的禁錮，是我們面對現實世界的無奈妥協。我們如何才能擺脫性格的束縛，解放自由的心靈？心理學家給予了答案：找回真實的我。

　　心理學家西格蒙德・佛洛伊德（Sigmund Freud）認為：人的精神由本我、自我和超我三大部分組成。本我、自我、超我構成了完整的人格體系。人的一切心理活動都可以從三者的相互關係中獲得解釋。本我尋求欲望的滿足，超我接受道德的限制，自我介乎二者之間。人終其一生，始終都在本我中追逐快樂，在自我中接受監督，在超我中受到限制。

前言　找回真我

　　本我是人格中最早，也是最原始的部分，是生物性衝動和欲望的儲藏室。本我以「唯樂原則」為活動依據，它不顧一切地去尋求性、生理和情感上的滿足和快感。本我由各種生物本能的能量所構成，於潛意識中顯現，它固著於人的體內，與人的理性相互對抗。它是人類非理性的生命力、內驅力、本能、衝動、欲望等心理能力的整體概括。

　　自我是人格中理性和機智的部分，是人在與外界打交道的過程中，在現實環境的制約下形成的思考機制，是功利意識的展現，即自身意識的覺醒。自我以「現實、功利」為活動原則，避免自己在與外界的碰撞中受到傷害，並盡可能為自己獲取最大利益。任何能成為意識的東西都在自我之中。

　　超我是人格中道德和理想的部分，是人接受社會道德要求和行為準則，內化道德規範和價值觀所形成的完美意識。超我以「完美」為原則，是道德和理想的高度展現，限制本我，批判自我。它要求人接受道德和倫理的束縛，追求品行的完善而不是實際的快樂，強迫自己不按照本來的面目理解自己。

　　每個人的成長歷程都是逐漸捨棄本我，接受自我與超我，並最終形成性格的過程。性格更像是一個面具，更主要呈現出自我與超我的面向，將真實的本我深深地掩蓋在裡面。如果借用佛洛伊德的比喻，可以說本我是馬，性格是車伕。馬是驅動力，車伕為馬指明方向。車伕要駕馭馬，但是馬可能不聽話，二者就會僵持不下，直到一方屈服。

　　每個人都擁有本我，從出生呱呱落地時，到年老步履蹣跚之際，每個人無不在本我中追逐快樂、尋求滿足。人只有找到本我，才能擺脫自我的束縛，超越超我的限制，更加自由自在地生活，獲得更多歡樂。

自古及今，所有的靈修方法都是想幫助人們掙脫性格的束縛，尋回真實的本我，求取自由而快樂的人生，從焦慮與不安的生活中解脫出來。在這些研究性格的方法中，九型人格的效果尤為突出。它起源於兩千五百多年前的蘇菲教派，是教會的牧師用以解決信眾困擾、啟發信眾靈性的一種方式。九型人格透過找尋人們行為背後的出發點，分析基本欲望和基本恐懼，將所有的人劃分為九種類型。其基本原理為：人與人生而具有差異，性格不同，價值觀不同，行為背後的原動力也不同，必須用不同的方式來管理和溝通。

　　九型人格作為應用心理學，有極強的實用價值，應用範圍非常廣泛。它被使用在企業管理、社交、職場、婚姻、教學等各個領域，是「識人的聖經」、「人際溝通的鑽石法則」、「企業管理的金鑰匙」。如今，這種古老的智慧不再局限於狹小的天地，而以文字、聲音、影像等各種方式走向了全世界每一個角落，幫助人們找回本我，在生活的各方面獲取幸福。

　　本書幫你解析個性，診斷人生；幫你揭開九型人格的奧祕，探尋人際交往的法則；幫你看穿喜怒哀樂的面孔，發掘隱祕善變的內心；幫你洞悉身體的潛能，修煉自己的性格。在本書的引領下，你將感受古老的智慧，聆聽智者的叮嚀，找回真實的自我，堅守心靈的本真。

前言　找回真我

第一章
九型人格是什麼？

　　九型人格認為，儘管人們行為上的表現千差萬別，但是行為背後的出發點，即基本欲望和基本恐懼卻是有限的。按照人們的基本欲望和基本恐懼，所有的人可以劃分為九種類型，每一個人都屬於其中一種類型。這種類型是天生的，而且至死不會改變。

第一章　九型人格是什麼？

九型人格如何產生？

大多數人認為，九型人格來自西元9世紀中亞和波斯地區興起的神祕信仰——蘇菲教派。其教義認為：在人追求至高覺悟的過程中，人的性格將成為他們發掘自身潛力的導引者。人性的發展包括了不同階段的完整體系，從最基本的性格特徵，到不平常的潛能，比如愛的能力、感受他人的能力和先知先覺的能力，這是一段漫長的演變過程，而本書中出現的「九型人格圖」僅僅是這個完整體系的一部分。

那麼，九型人格是怎樣產生的呢？

據傳，蘇菲教派有個長者，因為他善於開導人們，為別人排憂解難，所以被稱為靈性教師。靈性教師經常和他的弟子在一起探討學問。隨著頻繁的接觸，靈性教師發現不同的弟子有不同的表現，比如有的人十分邋遢，有的人卻很在意穿著打扮；有的人喜歡靜靜地思考問題，有的人卻喜歡和別人交談、辯論；有的人急於知道某個問題的答案，有的人卻很享受靈性教師分析問題的過程……

為什麼弟子會有不同的表現？靈性教師對這一現象產生了濃厚興趣，於是，他著手對人的各種表現加以分析、總結，並將有同一性格特徵的人歸為一類，共有九類。後來經過更多的調查研究，靈性教師發現，生活中的每個人都不會跳脫這九種類型，於是，最初的「九型人格」誕生了。

這項「發明」只有蘇菲教派的靈性教師知道，用以啟發信眾的靈性，而且數千年來一直都視為機密流傳下來。它的神奇之處不僅僅在於每個前去請求靈性教師解決困擾的人，都得到非常滿意的解答，還在於即使是相同的問題，每個人的解答卻不同。

九型人格如何產生？

西元 1920 年，俄國人喬治・伊凡諾維奇・葛吉夫（George Gurdjieff）首先將九型人格學說傳入西方，用它來闡釋人類的九種特質，而真正將這套學說發揚光大的是艾瑞卡學院的創辦人奧斯卡・伊察索（Oscar Ichazo）。

奧斯卡・伊察索宣稱九型人格學說是他在西元 1850 年代於阿富汗旅行時，從蘇菲教派處習得。他將人類的九種欲望放進九型人格學說中，並將這套學說作為人類心理訓練的教材。許多知名的心理學家、精神病學家都曾追隨伊察索學習九型人格學。其中知名的精神病學家克勞帝歐・那朗荷（Claudio Naranjo），在智利學習後，便將這門知識傳入美國加州，開設一系列的工作坊，探索人的性格型態。九型人格由美國加州史丹佛大學發揚光大，其傳播到東亞，還是近幾年的事。

九型人格，在英文中稱為 Enneagram，又稱性格型態學、九種性格，近年來備受美國史丹佛等國際知名大學 MBA 學員推崇，並成為如今最熱門的課程之一，幾十年來風行歐美學術界及工商界。九型人格與其他人格分類法相似，是人們研究人格的一種方法，是應用心理學的一個分支。這種古老口傳的性格分析理論之所以能夠在如今的時代掀起熱潮，主要在於它能夠幫助我們理解自己的性格特徵，讓我們更輕鬆地生活；它讓我們對自己的同事、戀人、家人和朋友更加了解；它讓我們去發掘不同性格所擁有的潛能，這些潛能包括了愛的能力、感受他人的能力以及先知先覺的能力。總之，九型人格是一門十分有效的性格分析工具，它能讓你更了解你自己，幫助你處理人際關係，並把個性中的潛在能力挖掘出來。

但是也要注意，九型裡沒有好的、壞的類型，只有一個人主觀看世界的方式，因此不要狹隘地看待九型人格。所以，我們在閱讀此書時，千萬不要因小失大，僅僅關注九種具體的性格類型，而忽略了導致它們產生的大脈絡，這是不對的。因為完整的「九型人格」與大部分的意識模型都不

同，它強調的是在人的性格與潛能之間被我們忽略、以為是自然反應的習性，其實正是引領我們進入更高層次自我的途徑，它能夠讓我們拋開固有性格，讓深層的意識得以展現，提升做事的效率，感覺更幸福。

破解九星圖的奧祕

「九型人格」的英文 Eenneagram，來自於兩個希臘詞彙 ennea 和 grammos。ennea 是數字 9 的意思，grammos 則是尖角的意思，兩個詞結合在一起組合的 enneagram 就是指九個尖角，而「九型人格」的圖表正好是一顆九角星。這個九角星的模型，能夠揭示物質世界中任何事物的發展過程，蘇菲教派用這種九角星模型，來研究宇宙的變化過程和人的自我意識發展。

那麼，如何解讀這神祕的九星圖呢？人們可以採用「三元法」和「七元法」這兩個基本法則，因為九型人格中那顆神祕的九角星恰恰揭示了這兩個基本法則的相互關係。「三元法」象徵著任何事件在起始階段所具有的三股力量。「七元法」也叫「八音律」（octaves），它象徵著世上萬物發展必須經歷的不同階段。這兩種法則，在「九型人格」的結構圖中被融合在一起。

九柱圖為九角星形狀，其結構看似複雜，實則非常簡單：在一個圓的圓周上有 9 個等分點，分別標以數字 1～9，數字 9 位於圓的最上部正中央，意在呈現對稱。3、6、9 三個數字的位置正好構成了一個正三角形，這個正三角形就代表著「三元法」，它表示：事物的發生是三股力量的必然作用，而不是表面上的兩種力量——原因和影響。從數學的角度來看，

九角星圖中由 3 − 6 − 9 三個尖角所構成的中心三角形可以被視為最初狀態下三股力量的三位一體，其原始總量是 1。用運算的方法把這個 1，也就是力量統一體，分成相等的 3 份，得到一個無限循環數，即 1÷3 = 0.333333……

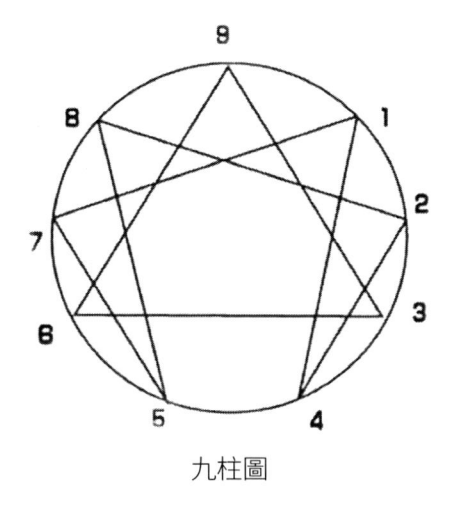

九柱圖

天主教中有關聖父、聖子、聖靈的三位一體也是類似的理念。而在蘇菲教派的發源地印度的印度教中，明確表明了人世間的三股力量就是印度教的三大主神：創造之神梵天（Brahma）、保護之神毘濕奴（Vishnu）、生殖與毀滅之神濕婆（Siva）。這三股力量還可以被稱為創造力、破壞力和保護力，或者稱作主動力、容納力和協調力。葛吉夫在他的學說中，簡單地把它們稱為 1 號力、2 號力、3 號力，根據他的觀察，第三股力量是隱性的、無法被人類感知。

而且，這三股力量的外在象徵會隨著事物發展的變化而改變，比如，在事物最初階段出現的協調力，隨著時間的推移，將在事物發展的下一個階段逐漸轉變成主動力。因此，人們需要準確了解事物的每個發展階段中

第一章　九型人格是什麼？

這三股力量的具體象徵及相互作用，才能保證事物順利地發展下去。透過九星圖，人們就能發現事物發展過程中某些隱性層面，比如在什麼時刻，事物需要注入一股新力量來維繫生命力，能夠很有效地協調這三股力量，維持整體的平衡。

在事物的發展過程中，另一個法則「七元法」也開始發揮作用。「七元法」是從音樂中的八度音階發展來的，故也稱為「八音律」。熟悉音樂的人都知道，音樂中的基本音階有 7 個，從 Do 開始循環，Do、Re、Mi、Fa、Sol、La、Ti（或 Si）、Do，這個八度音階所形成的「八音律」其實也代表了現實世界中事物發展的不同階段。七元與統一的關係也可以用數學表示：用 7 除以 1，得到一個無限循環的小數 0.142857142857……其中每一位數都不是 3 的倍數。綜上所述，整個「九型人格」圖就是一個被分成 9 個部分的圓形，「三元法」和「七元法」被這個圓形融合在一起，並透過圓形內部的連線線條相互影響。

在九星圖中，3、6、9 構成了一個正三角形，昭示著三位一體的理念，而其他的 6 個點則兩兩相連，構成了一個不規則的六角形，這就形成了一個完整的九角星圖。人們再根據早期對性格類型的分析，將九種不同的性格類型分別代入九柱圖中的不同數字位置，就形成了一個九型人格圖。

如圖所示，九型人格將人按照不同的氣質類型分成了完美型、給予型、實做型、浪漫型、沉思型、懷疑型、享樂型、領導型和和諧型九個人格基本類型，每個人都必然屬於其中一型，且固定不會改變。

```
                    9和諧者
        8領導者              1完美者


    7享樂者                      2給予者



    6懷疑者                      3實做者


        5沉思者              4浪漫者
```

九型人格圖

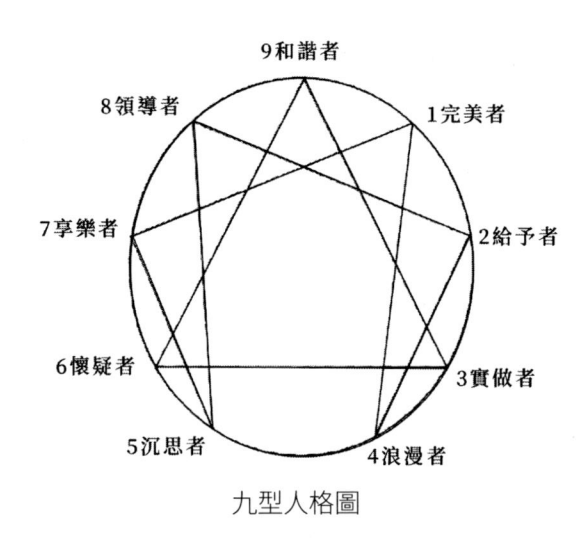

在九型人格圖中，我們把其中 3－6－9 號所代表的性格稱為核心性格，而位於這三個核心角兩側的鄰角，就被稱為核心角的兩翼，代表的是核心性格內化或外化的變異類型。換句話說，兩翼角的性格是由核心角性格發展而來的，其中潛藏著核心角性格的特質，並具有潛在的共同特點，如 3 號性格的兩翼——2 號和 4 號性格就與 3 號一樣具有很強的想像力，6 號性格的兩翼——5 號和 7 號性格則與 6 號一樣多疑且充滿恐懼心理。心理學家根據三種核心性格及其兩翼的特徵，又進一步將九型人格分成了 3 個三元組。

1. 情感三元組——遇到事情時的直接反應是源於情緒、感覺和感情：

核心性格——3 號實做型，內化——4 號浪漫型，外化——2 號給予型

2. 思維三元組——遇到事情時的直接反應是源於分析、了解和歸納：

核心性格——6 號懷疑型，內化——5 號沉思型，外化——7 號享樂型

第一章　九型人格是什麼？

3. 本能三元組 ── 遇到事情時的直接反應是用即時行動去解決問題：

核心性格 ── 9 號和諧型，內化 ── 1 號完美型，外化 ── 8 號領導型

需要注意的是，在九柱圖中，只有 3 ─ 6 ─ 9 號角的兩翼是其內化或外化的表現，而其他角的兩翼則不具有這樣的關係，例如 8 號性格的兩翼 7 號和 9 號性格，就不是 8 號內化和外化的表現。不過即便如此，任何角的兩翼都是非常重要的，因為它們同樣會對中心角的性格產生影響，例如 4 號性格既可能偏向 5 號性格，將所有事情都悶在心裡，也可能偏向 3 號性格，以正向亢奮的表現來掩蓋內心深處的憂鬱。

認識自己：我是誰？

問自己一個問題：「在這個世界上，你最想了解的東西是什麼？」在答案限定只能選擇一個事物的情況下，大多數人沉思許久後，常常會給出這個答案：「我自己。」認知自我，是人類的天性，也是讓自己獲得良好發展的最佳途徑。因此，在這個世界上，不想了解自己的人實在太少。

那麼，我們為什麼想了解自己呢？原因可歸為兩大類。

第一類原因：好奇

心理學家認為，人的本性是不滿足，好奇就是不滿足心態的一種表現形式，人們往往透過好奇來促使自己去了解更多事物，以緩解自己的不滿足心態。因此，人們總是渴望知道自己的大腦、心靈和感覺運作的方式。

比如，人們常常會反思：

我為什麼感到快樂呢?

我為什麼感到悲傷呢?

……

在我們內心感到孤單寂寞時,便常常思考這些問題,也積極地和其他人討論這些問題,這使得人生增添了無窮的趣味性。正如哈佛大學第26任校長陸登庭(Neil L. Rudenstine)在「世界著名大學校長論壇」上所言:「如果沒有好奇心和純粹的求知欲為動力,就不可能產生那些對人類和社會具有巨大價值的發明創造。」

人因為有了好奇心,所以人生充滿問題,有的問題前人已提出答案,有的等待我們去解答。由此看來,人生就是不斷發現問題,不斷解決問題的過程。

第二類原因:實用

人們之所以想了解自己,除了滿足人本能的好奇心之外,更主要是為了讓自己生活得更好、更幸福,這就是追求實用的典型表現。因為很多時候,人們是在感到疑惑、痛苦的情況下提出疑問,引起想了解自己的欲望,從而達到激發自我潛力、避免性格缺陷的目的。

比如,當人們在生活中遭遇不快樂的事情時,常常抱怨:

我怎麼就沒想到這一點呢?

為什麼他們看不到我的努力呢?

為什麼她考試成績總是比我好?

如果今天不塞車,我就不會遲到。

當我們不快樂時,我們常常抱怨自己、抱怨他人,但是追根究柢,產生

第一章　九型人格是什麼？

這些不快樂因素的根源都在於我們自身，這也就是我們要了解自己的原因。

比如，「我怎麼就沒想到這一點呢？」大多是因為你思考習慣偏狹隘，無法全面看待問題，做事情又容易鑽牛角尖。如果你能在做事前多聽多看多了解，懂得靈活變通，就能避免產生這類抱怨。

「為什麼他們看不到我的努力呢？」當出現這種情況，首先需要明白，你做的努力還遠遠不夠，因此你需要繼續努力，直到感化他們為止。

「為什麼她考試成績總是比我好？」我們不能光看到別人耀眼的成績，更要看到別人為此付出的艱辛，要想考得和她一樣好，或者超越她，就需要付出和她一樣或超過她的努力。

「如果今天不塞車，我就不會遲到。」塞車並非不可避免，只要你提早十分鐘出門，往往就能避開塞車的問題。

哲學家常說：「內因決定外因。」外因太廣泛以至於難以掌控，因此人們只能從最容易的方面入手，了解自己、掌控自己，才易獲得人生的幸福。

然而，儘管我們明白這些道理，卻難以做到了解自己，更難以掌控自己，因此免不了活在煩惱與痛苦之中。為了擺脫這些煩惱和痛苦，許多人選擇向專業的心理醫生求助。要知道，這些向心理醫生求助的人大多是眾人眼中的「成功者」，這些被美國心理學家查爾斯・T・塔特（Charles T. Tart）稱為「成功的不滿者」的人大多受過良好的教育、事業成功、婚姻美滿且兒女聰慧，但是他們卻不快樂，根本原因在於他們不理解自己。

這些「成功的不滿者」的出現，促進了人本心理學和後人本心理學的發展，這些心理學派認為，一旦人們在普通生活層面獲得了成功，他們如果想要繼續獲得健康和快樂，就會進入存在和精神的領域。除了這類人以外，有關普通生活層面的性格分析理論都是有效的，但是如果我們需要進一步

發展，這些理論的缺陷就會暴露出來，我們就會對它們感到失望，並且很可能不知道是什麼原因造成的。說得簡單一點，這就是成長障礙的問題。

眾多心理學家在實踐後發現，九型人格是目前解決人生中成長障礙問題的最佳方法。九型人格將世界上的人分為九種人格類型，每一種人格類型都建立在不同的感知類型上，每一種人格類型都有優缺點，如果人們能夠清楚地認知自己的人格類型，並做到揚長避短，就能幫助我們更容易理解和改變自身的個性，減少生活的煩惱苦痛，增添生活的快樂。

然而，世界上沒有完美的事物，九型人格也不例外。因此，我們不得不在此告誡那些初學九型人格的人，不要痴迷於九型人格的識人能力，而忘卻了它僅僅是一件幫助我們通向深層自我的工具。因為這很容易陷入佛學常說的「我執」，如此一來，你得到的就不是愉悅的本真，而是無盡的煩惱了。

人生的三大智慧

葛吉夫和伊察索在研究九型人格時都意識到，人的智慧有精神智慧、情感智慧和本能智慧三種形式，而這三種智慧分別對應於人體的3個中心：

產生精神智慧的是思維中心 —— 大腦；

產生情感智慧的是感覺中心 —— 心臟；

產生本能智慧的是身體中心 —— 腹部。

在此基礎上，美國研究九型人格的著名學者凱倫・魏（Karen Webb）在其著作《認識九型人格：重現古老的靈魂智慧》（*The Enneagram*）中將九型人格歸為3類：

第一章　九型人格是什麼？

> 腦中心：
> 或者稱為思考中心，以思考和理性為指標，
> 產生精神智慧的是思維中心，包括5號、6號和7號人格

　　腦部是我們進行思考的中心，舉凡分析、記憶、投射有關他人和事件的概念，以及計劃未來的活動等。這個區域對應位置是「第三眼」，也就是西藏密宗冥想所運用的觀想中心。

　　如果你是5、7、8號等以頭腦為主的人格類型，就具有以思想來回應生活的傾向，你在看待世界時往往會受到心理能力的影響。屬於這些人格類型的人往往有鮮明的想像力，以及分析和連結概念的絕佳能力，他們懂得運用心理能力來盡可能減少焦慮、控制潛在的麻煩，以及透過分析、想像、預測和計畫來獲得確定感。也就是說，在任何時候，這些類型的人都能沉浸在自己的思考中而獲得全然的滿足。思考對這些類型的人而言（通常是下意識的），是處在這個具有潛在威脅的世界中，防範恐懼於未然的方式。

> 心中心：
> 或者稱為情感中心，以感受和感性為指標，
> 產生情感智慧的是感覺中心，包括2號、3號和4號人格

　　心是我們體會情緒的中心，藉由那些無言的感官經驗，告訴我們有什麼感覺，而非我們對事情的想法。心的情緒範圍從最強烈、戲劇化到最細微、幾近無聲的感覺都有。我們從這個中心感覺到和他人的連繫，以及追求愛和充實的渴望。這就是蘇菲訓練和許多基督教練習中所要啟發的中心。

　　如果你是2、3、4號等以心為主的人格類型，在看待世界時往往會受到情感的影響，喜歡透過關係處世。有時候被稱為「形象類型」，因為你

在乎別人的眼光,以及它和自己的關聯。具體來說,這些人格類型的人會使自己的情緒、感受與別人保持一致,從而維持自己與別人之間相互連繫的感覺。不論別人有沒有意識到,他們都能快速感受別人的需求或心情,並加以回應,一段成功的關係能驅散這個中心特有的空虛感和渴望。換句話說,這些人格類型的人比其他人格類型的人更加依賴別人的肯定和看法,因為他們需要用它們來支撐自己的自尊和被愛的感覺,使自己得到持續不斷的肯定和關注。

腹中心:
或者稱為腰中心,以行動為指標,
產生本能智慧的是身體中心,包括 8 號、9 號和 1 號人格

腹部中心(有時也稱為身體中心)和思考、感覺相互對應,這個中心是我們本能的核心,也就是存在感。透過這個中心,我們從肉體感受到和人群、環境的關係。這是我們在物質世界中行動所需的能量和力量來源。這個中心的所在位置,即中國和日本所稱的丹田,也就是禪修的焦點。

如果你是 8、9、1 號等以腹部為主的人格類型,常常把焦點放在存在本身,具有以行動「存在」於這個世界的傾向,在看待世界時往往會受到身體感覺和內在本能的影響。他們的本能就是行動,即使他們已經思考過整個細節,還是會基於根本的感覺,談論正在建立基礎的決定和行動。他們以「自我遺忘」聞名。因為他們可能覺察不到對自己而言真正的優先事項為何。他們透過行動在這世上補充能量,並緩和憤怒 —— 對 1 號和第 9 號的人而言,憤怒極少被直接表達出來。也就是說,這些人格類型的人會運用自己的地位和力量,去過自己想過的生活,而且他們的出世策略可以保證他們在這個世界中的位置,而且還可以將不適應感降到最低。

第一章　九型人格是什麼？

然而，在生活中許多人常常忽略了我們的本能智慧，即基本上毫無察覺腹部中心的運作，但我們可以從三個基本方面感受它的影響，這三個方面就是：身體生存（自我保護）、情愛關係和社會生活關係。

九型人格大師海倫・帕瑪（Helen Palmer）曾以一則故事來描繪三種基本屬性的關係：一個牧童坐在一張三腳凳上擠牛奶。牛奶代表了收穫的知識和生活營養。三腳凳的一隻腳壞了，於是牧童在擠牛奶的時候，關注的並不是牛奶，而是凳子壞掉的那隻腳。這個故事意在告訴人們：我們每個人都擁有三種最基本的關係領域，其中一種關係比其他兩種更容易受到傷害。當我們某一種關係受到損傷時，我們就會在精神上格外關注這個方面，以緩解由此引起的焦慮。

最後，需要注意的是，每個人都有大腦、心臟和腹部，因此人人都能擁有與之相應的三種智慧，並會在實際生活中自覺或不自覺地應用到以上三個中心，但是每個人格類型的人會偏好其中一種，作為他感覺並回應事件的主要管道。因此，不要狹隘地看待九型人格的三種智慧中心，而使自己又陷入類型的牢籠之中。

第二章
1號完美者：理想至上，追求完美

　　1號是九型人格中的完美者，他們眼中的世界總是有太多的不完美，心目中的自己也有很多缺點，他們希望能夠改善這一切。他們對完美的追求甚至達到了苛刻的地步，哪怕已經取得了99％的成績，他們也只看到那1％的不足。

第二章　1號完美者：理想至上，追求完美

理想主義與苛求完美

性格特徵：力求極致，規律準時

- 每件事都力求最佳表現，自我要求很高，喜愛學習和接觸新事物。
- 遵守道德、法律、制度及程序，很討厭那些不守規矩的人。
- 希望比別人優越，很愛面子，對他人的評論很敏感，因此有時做決定會猶豫不決。
- 很少讚揚別人，常指責別人的不好，有點吹毛求疵。
- 很難控制憤怒的情緒，但是一旦發洩怒氣，內疚感同時也會隨之而來，是外冷內熱的典型。
- 善於安排、計劃並且貫徹執行，做事很有效率。
- 做事嚴謹細緻，精益求精，但因不放心別人去做而事必躬親，所以整天忙碌。
- 有時為工作而殫精竭慮，有時又放下一切去盡情玩樂。
- 睡覺、起床、盥洗、吃飯、鍛鍊等活動像鬧鐘般準時和定量。
- 外表十分嚴肅，穿戴十分整潔，表情不多。
- 講話直來直往，談話主題常為做人做事，常用「應該、不應該；對、錯；不、不是的；照規矩、按照制度」等詞彙。

性格分支：處於隱藏與突顯內心願望的矛盾中

1號性格者因為一味追求完美而遺忘了自己的真實願望，這種嚴格的自我控制使1號性格者具有分裂的性格：一方面是被隱藏的個人真實願望，另一方面是突顯在外的要做正確事情的願望。這種矛盾心理往往明顯表現在他們的情愛關係、人際關係及自我保護的方式上。

情愛關係：嫉妒

1號性格者理想中的愛情是完美無缺的，自己是對方的唯一，並且常常害怕有競爭者比自己更具吸引力、更有智慧或更被喜愛，因此經常監控伴侶的行動，並且對兩個人之間的任何事情都斤斤計較，唯恐自己的愛人不能全心全意地愛自己。

人際關係：不適應

1號性格者的人際現狀常和自己心目中的理想情況不一致，他忘記了自己的真實想法，專注於完美的標準，因此他會發現生活中有那麼多的不適應，容易感到困惑、挫折，並公然表達對團體或者自己的憤怒，他們指責團體不完美，也會指責自己不能更適應某個團體。

自我保護：憂慮

1號性格者自我保護的手段是時常擔心自己做的事情不完美，擔心什麼事情做不好會影響自己的形象，尤其擔心因為犯了什麼錯誤會讓自己今後的發展受影響，這些事情使他無比恐懼，他們會盡力避免這些事情的出現。

第二章　1號完美者：理想至上，追求完美

正能量：沒有最好，只有更好

亮點

- 勤奮和高標準
- 嚴謹細緻
- 做事井然有序
- 重視道德和原則
- 改進問題的專家
- 天生的改革家
- 有管理能力
- 富有建設性
- 社會菁英的搖籃

對自己有利的做法

- 多給自己一些時間去放鬆和娛樂，將遊戲和玩樂強制性列入你的時間表，直到你允許它們存在。
- 學會區分「應該」完成和「想要」完成的事，別總是浪費時間在那些雞毛蒜皮的事情上。
- 學會察覺自己內心的氣憤情緒，以及自己刻意掩飾氣憤情緒的傾向。
- 學會了解你對別人發怒，很有可能是他們的行為正是你想做卻不敢做的。

▶ 不刻意壓抑憤怒，學會發洩負面情緒，學會利用想像力來化解怒氣。

▶ 學會質疑你的規則，自己眼中「對」的事情不一定是別人期望或適合他人的事情。

▶ 不再只是單方面追求理想的完美，而採取慢慢改善現實的做法。

▶ 學會放棄「唯一正確性」的觀念，懂得讚賞差異，差異不一定是錯誤或缺陷，差異使世界更加美好。

▶ 學會聆聽別人的意見，即使別人不對，也要允許他們表達觀點並且了解他們。

▶ 要對別人保持耐心，你可能有很多經驗可以告訴別人，但別指望別人馬上改變。

▶ 學會在現實中找答案，如果覺得他人對自己品頭論足，那就直接找他們問清楚；如果自己不斷擔憂，就去尋找事實資訊來消除自己的焦慮。

負能量：忽略他人優點

局限點

▶ 常陷入自我迷失

▶ 常破壞平衡與和諧

▶ 常憂心忡忡

▶ 頑固清高

第二章　1號完美者：理想至上，追求完美

- 嫉妒心強
- 好為人師
- 喜歡挑剔及缺乏體諒之心
- 對他人缺乏信任，不擅授權

對自己不利的做法

- 只關注於做應該做的事，忘記了自己內心真實的願望。
- 壓抑自己的各種願望，自身欲望找不到表達途徑，不滿情緒隨之增強。
- 察覺到自己內心的怒火，但是不願意發洩出去，壓在心裡。
- 工作太多，沒有時間去運動和休閒娛樂。
- 擔心事情辦不好，於是過分注意細節和拖延時間。
- 害怕出現差錯而猶豫不決，不敢做出最後的決定。
- 無法接受不同意見，認為不符合自己標準的就是錯誤。
- 為了平衡內心對自身的指責，轉而抱怨他人。
- 過於嚴厲、苛刻，總是一副評論別人的面孔，不願意表揚和鼓勵。
- 行事作風極端，一旦發現錯誤，就要求全部重做，導致浪費時間和資源。
- 總是要從周遭的任何事中找出需要改進的地方，而對於好的東西則毫不關心。

如何讓「完美」寶寶健康成長？

充滿父母苛責的童年

1號孩子的童年常常充滿父母的苛責，父母在各種小事上對他們嚴格要求，他們生怕犯錯、小心謹慎，希望自己用完美的表現讓父母滿意。逐漸地，他們便習慣於用完美的標準要求自己，形成自己追求完美的性格。

他們常常會有失望不滿的情緒，其憤怒、不滿的感覺都是源自自身超高的行為標準。當遇到一些違背標準的事情時，他們就很容易感到憤怒不滿，覺得事情不應該這樣。同樣地，由於他們事事追求完美的態度，使他們在生活裡常常感到困惑，產生力不從心的感受。這種情緒會轉化為對自己「不完美」的自責與憤怒，在內心產生挫敗感，這種負面的感覺會被他們漸漸壓抑到內心深處，從而在心中為自己築起一道憤怒內疚的枷鎖。

作為1號孩子的家長，最重要的就是要讓孩子接受生活本來就不完美的事實，幫助他們擺脫自責和批判的困境。鼓勵他們多多放鬆，讓他感受到，就算偶爾放縱自己，也不會造成無法補救的錯誤。要鼓勵他們說出自己的想法和需求，幫助他們發現並享受更多生活的樂趣，要讓他們知道，每個人都有與生俱來的價值，不應當單憑某個對錯標準來衡量和評判一個人是否應當受到尊重。

教孩子適度最好

1號孩子的個性一旦養成，他們常常會要求自己做到最好。對自己過度要求，會讓他的童年充滿沮喪和擔憂，並不利於孩子個性的全面成長。

第二章　1號完美者：理想至上，追求完美

所以父母在教育1號孩子的時候，要告訴孩子只要盡自己最大的努力就行了，不一定要做到最好，不給自己太大的壓力，才能發揮出最大的潛力。

父母更要讓孩子明白一個道理：完美不是一次到位的，完美是一次比一次進步才能產生的。比如，父母可以告訴1號孩子沒有誰是沒有缺點的，愛因斯坦是一位偉大的物理學家，但是他並不擅長做小板凳，這說明沒有誰是完美的，不同的人可能有不同的特長，不能要求每一個人做什麼都能得到第一名，只要盡力做好，就已經是一種精神上的完美了。

別讓孩子過於關注外在

1號孩子有個特點，他們非常關注外在的標準，在意父母和其他人的看法。他們希望自己能夠達到父母和其他人對他的要求，因此常常心懷恐懼，擔心如果自己表現不夠優秀，就無法得到外界的認可，就無法得到別人的愛。

他們這種關注外在的心理一方面促使他們更加努力提升自己，另一方面也會使他們迷失自我，他們常常不知道自己到底想要什麼，內心深處自己的真實願望被掩蓋了，這是孩子發展中一個非常嚴重的問題。

因此作為父母應該學會幫1號孩子找回自己的內心想法，讓孩子將對外在的關注回歸到內心。在這個過程中，時常需要父母的積極配合，因為正是父母讓孩子感覺到壓力，覺得自己應該保持在他們心中的好形象，自己應該去實現父母寄予的期望，這無形當中便讓孩子關注他人的評價勝過自己內心的真實感受。

幫孩子放鬆自我

1號完美者由於總是在檢視自己以及周遭的人和事是否符合自己的標準，加上過於追求完美極致的個性，使得他們總是處於緊張觀察的狀態中。在這種狀態下，1號很難發現他們已經否定了自己的快樂，只關注於他們「應該」和「必須」做的事情。1號也很少問自己真正想要從生活中得到什麼，他們自身的期望從小就被封閉，只知道去做正確的事情，卻不知道自己期望什麼。他們總是有不滿的感覺，這種不滿在實際上表現為長期的惱怒感，也說明他們只是為了滿足內心的指責聲而強迫自己努力行動。

因此，1號應當學習放鬆自我，找回內心的平靜。作為1號孩子的父母，不妨多帶孩子去恬靜的大自然走走，這有利於他們放鬆緊張的神經。此外，還應讓孩子盡量減少批判的次數，提升他們的接受能力，幫他們控制不斷想要改變現狀和進行批判的衝動，讓他們感受到包容的可貴。最重要的是讓他們明白，金無足赤，人無完人，不完美才是人生的現實，要允許自己，也要允許他人有不完美之處。當他們的心慢慢變得開放時，輕鬆和平靜的心情自然也就隨之而來了。

改變孩子「小大人」的思維

在1號孩子的眼裡，父母的本體似乎是「缺失」的，當然這並不是說1號孩子的父母對他們缺乏關愛。這種所謂的「缺失」，指的是孩子對家庭保護者的不認同心理。他們努力尋求自我的發展，努力想成為一個好孩子，但同時也會努力讓自己不像一個孩子，因為在他們心裡，覺得必須要依靠自己的判斷力，像大人一樣進行理性思考，同時肩負起一些責任。他們會把自己代入父親（或其他保護者）的角色，以自己定下的一套標準嚴格要求自己，

第二章 1號完美者：理想至上，追求完美

成為自身行為的引導者，督促自己的言行、教養以及學業成績等等。當自己的表現不能令自己滿意時，他們會感到失望、惱怒、焦躁和憤懣。

儘管1號表現得像個獨立的「小大人」，但實際上，內心深處的孩子卻永遠不會消失，即使他們已成年，內心深處仍舊有個愛玩愛鬧、天真無邪的孩子。因此，1號孩子的父母應該幫助孩子重拾童心，多和他一起去玩耍，讓他們拋開那些規矩條文的束縛，敞開心扉去感受快樂。

職場中追求「第一」的工作狂

團隊中的領導式人物

1號在權威關係中的關鍵問題就是完美，他們如果是下屬，就希望有完美的領導者；如果是領導者，就喜歡完美的員工。他們的權威關係主要有以下特徵：

- 1號在團隊當中一直希望能找到一個完美的權威領導型人物，當他們真的碰巧遇到這樣的領導者時，他們會願意放棄自己的想法，做一個追隨者。
- 他們心目中的領導權威應該是有前瞻能力並且追求公平和高效的領導者。
- 如果領導者本身沒有明確的方向和目標，那麼1號在其手下會不知道做什麼才好，並感覺到重重的隱性危機。
- 如果領導者的政策和他們的理想有偏差，他們也會不自覺地抱怨。他們的抱怨會參照一定的原則，彷彿在法庭上定罪的法官，每一條失誤

職場中追求「第一」的工作狂

都會有法律依據。

▶ 1號希望領導者能夠保持固定的政策，他們習慣於服從權威的成規，如果領導者者朝令夕改，那麼他們會覺得無所適從和心煩意亂。

▶ 他們一般不會公開且直接地反對權威，而是常常會抱怨一些並沒有直接相關的錯誤。他們的抱怨是間接的，但是他們真實的意圖可能並沒有真正顯露出來。

▶ 但是有的時候，如果1號認為自己的想法是絕對正確的話，他們又會有極大的勇氣，勇於和領導者據理力爭。

▶ 1號人格上司喜歡用清楚的職責作為標準，來管理團隊以及指導員工的工作行為。

▶ 一旦員工出現與其標準不一致的情況，則立刻會用「應該」與「不應該」來教導員工。

▶ 對於工作的結果以及過程均以高標準嚴格要求，甚至對細節都有很高的要求，力求盡善盡美。

▶ 1號工作認真、嚴肅，很少在工作時間開玩笑或表現出私底下關係的感覺。

▶ 極為重視工作中的規矩和程序，比如商務禮儀、行政職位級別應該遵循的禮儀等。

適合的環境

1號性格者獨特的性格特點，使得他們能良好適應某些環境：

1號責任感極強，不管什麼事都要做對，而且要做就要做到最好，要

第二章　1號完美者：理想至上，追求完美

當第一名。1號不但有目標，而且善於規劃好步驟並一步步執行，做事效率高，條理分明。

1號很少把個人的情緒摻雜到工作中，他們認為人和事情是分開的，即便有情緒，他們也會強迫自己把它壓下來，一旦確定某件事情是必須和正確的，1號便會是個很嚴格、很認真的執行者。

因此1號性格者適合去做需要組織規畫和謹慎對待的工作，也適合去做需要堅持原則與公正的工作，如教師、科學研究工作者、法官、醫生、品質檢查人員、風紀檢查人員、仲裁人員、安全檢查人員、財會工作者等。

一般來說，跟他們性格特質相近的機構文化環境特點是：架構明確、規則清晰、著重秩序、崇尚高標準、需要留意細節。

不適合的環境

1號性格者獨特的性格特點，使其在一些環境中很難適應：

1號性格者不善於根據不斷變化或者不完整的資訊來做決定，他們需要有清晰明確的指導方針。那些架構混亂、基本前提和規則不斷變更、評判標準多基於感情而不是程序、沒有進取心的機構環境都不適合1號。尤其是一些新公司、新生意等，這些機構充滿變化，沒有穩定的秩序，會讓1號壓抑不安，甚至選擇逃離。

此外，對於風險性較大的工作也不適合1號，如具有風險的投資工作。而必須接受大量不同觀點或者允許不同觀點存在的工作，如創意工作者、電視節目編劇，也會因1號的完美主義標準，而讓他們猶豫不決以及難以做到容忍差異。

別觸犯老闆的原則底線

1號老闆通常是極具原則性的人，不管他們自己是否有自覺，他們下意識裡常常把自己代入規則守衛者的角色上，他們是原則的衛道士，對於一切勇於挑戰原則的人，他們的態度是「殺無赦」。

因此面對這樣的1號老闆，我們做下屬的要將一件事放在心頭，那就是永遠不要觸犯這位上司的底線。他們在小事上對你的苛刻，可能並不會真的影響你在他們心目中的形象，但是一旦你犯了大是大非的原則性錯誤，他們往往很難原諒你，並且會認定你為「惡劣分子」，把你永遠驅逐在個人信任的心防之外。

幫下屬適度減壓

1號下屬的特點是追求完美的表現，我們可以告訴1號員工，要從結果的角度來思考，而不要太在意過程，如果過度關注過程，追求事事完美，那麼可能就會影響項目的整體進度。

1號下屬在工作中的表現值得上司信任，但需要注意的一點是，我們也不能把時間安排得太緊湊，因為他們常常追求100%的完美，時間太倉促的話，他們就難以完成工作。如此一來，他們就會把矛頭指向他人，批判你和周遭的人。

當然，要求1號下屬放棄一定程度的完美是可以的，但前提是領導者不給他們太大的壓力，如果領導者能夠為1號提供充足的工作時間，他們就可以一方面追求高效率，另一方面達到高品質，實現品質和效率之間的平衡。

第二章　1號完美者：理想至上，追求完美

用熱情和嚴謹打動客戶

1號顧客雖然表面嚴肅冷淡，但是他們卻通常喜歡那些熱情四射的推銷員，他們常常會被這樣的推銷態度打動，開始自己的購物行為，也許這是因為他們的個性中缺乏熱情。

他講究禮節，因此作為業務員，你可以在禮節上表現出對他們的尊重，這樣他們首先就會在心理上認可你的態度。在推銷產品的時候，你可以充分表現出對自家產品的信賴，表達出自家的產品如果應用於客戶會有怎樣的好處，似乎你此時此刻正是你們公司產品的明星代言人。這樣的態度一定能打動1號顧客的心，也能讓他感受到你的信心和活力，願意和你交流並購買你的產品及服務。

同時，也不能單單表現自己的熱情，因為1號顧客是嚴謹和細膩的人，如果僅僅是熱情，他們會對你的熱情不放心，擔心熱情的背後會有不可告人的目的。所以對產品的說明一定要嚴謹細緻，這樣就可以打破他們的疑慮，而且會讓他覺得你是一個注重專業品格、有認真精神的人，那麼他們就會對你產生良好的印象，這樣，你們離成交就不遠了。

「人無完人」的心態可以讓愛情更美好

完美的婚戀傾向

1號在親密關係中，通常有著完美主義的傾向，在他們的心目中自己是完美的，自己的愛人也是完美的，他們倆是白雪公主和白馬王子般地完美。而現實往往不盡如人意，他們會發現自己和對方都不是那麼完美，這

個時候他們常常會面臨一些問題，他們無法接受不完美的自己和對方。

一般來說，1號的親密關係主要有以下特徵：

▶ 他們希望和愛人一致，共同為美好的生活努力，一起進步。
▶ 難以接受不完美的伴侶，常常會苛求對方，這樣常常會使對方產生很大的壓力。
▶ 他們以為如果自己不夠優秀，對方就有可能離開自己，因此常常會掩飾自己的缺點。
▶ 他們比較常挑剔自己的伴侶，很少主動讚賞愛人和說甜言蜜語。
▶ 他們會因為小事而發怒，常常會對伴侶造成傷害。
▶ 很容易吃醋，他們經常監控自己的伴侶，希望愛人對自己忠貞不二。
▶ 他們有強烈的控制欲，想要自己的伴侶按照自己的想法去做，不然就會悶悶不樂。
▶ 他們通常缺乏生活情趣，不太喜歡那些熱鬧的場合，也不喜歡休閒娛樂。

不要苛求對方

1號的內心住著一位嚴厲的評論家，這使得他們總是在關注生活中的錯誤，並嚴格要求自己不犯錯，也會在愛情中苛求自己的愛人不犯錯。1號對伴侶的一切都會非常關注，因為他們將關注伴侶的一切視為自己的責任，因此他們會非常嚴肅地看待伴侶在生活、工作和學習過程中發生與經歷的一切事情，以便隨時發現伴侶的不足並督促對方改進。

1號注重原則，因此他們的內心常常為自己的伴侶設計好了模範，要

第二章　1號完美者：理想至上，追求完美

自己的伴侶按照這個模範去改變。他們會要求對方接受自己認為正確的觀點或為人處世的方法，給人一種像家長一樣的感覺，這常常讓1號的伴侶感到巨大壓力。

由於1號一直都壓抑自己的情緒及需求，他們會產生一種一旦表達自己的需求就不夠完美、不配得到好好對待的情感恐懼，而且他們認為伴侶「應該」能夠知道自己的需求（這是1號認為伴侶應盡的責任），所以1號在表達情感需求時，多用暗示性的言語或肢體語言，但因為其慣用分析式的表達方式，暗示的效果很難精準到位，容易讓雙方陷入講道理的漩渦中，給人一種似乎總是在「算帳」的感覺，因此很容易引發伴侶的反抗情緒。由此可見，1號迫切需要改變自己對伴侶的苛求態度，更寬容地看待伴侶的缺點，唯有這樣才能維持穩定的情感關係。

伴侶需要讚揚和鼓勵

1號愛人最不善於甜言蜜語，他們經常給予自己的愛人評論和指教，所以做1號的愛人是很累的，因為他們總是能看到你的不足，讓你對自己的評價永遠無法達到滿意的程度，這一方面促使你進步，但是另一方面卻也使得自己內心渴望肯定、獲得滿足和讚揚的需求比較匱乏。特別是感到脆弱的時候，如果1號依然冷酷無情地指出你的缺點，那麼你的內心會覺得生活太單調，愛人太無情，慢慢地，你們的感情可能也會走進黑暗的角落。

在愛情當中，甜言蜜語的讚揚和鼓勵是不可或缺的，生活當中很多人已承受夠多外界強壓在自己內心的各種標準，他們回到家裡，絕不希望還有這樣一個人，用更為嚴格的標準要求自己，這種無形的壓力會讓他們厭煩這種關係。因此，1號關懷自己所愛的人，就需要肯定和鼓勵愛人個性

化的存在，為他們的成長創造自由和溫情的氣氛。這些都是 1 號想要學會愛所應當持有的態度，應該給予自己的愛人更多讚揚和鼓勵。而讚揚和鼓勵，對自己的愛人就會有神奇的魔力。

創意和樂趣讓愛情更有趣

為愛情中不斷注入新鮮的創意和樂趣是不可或缺的，尤其是 1 號性格者應該特別注意。因為他們的生活態度常常過於嚴謹，他們在愛情生活當中也時常有點放不開，他們的感情生活有時候有點公事公辦的感覺，逐步會走向程序化，少了驚喜，也喪失了樂趣。

這個時候，1 號性格者就應該好好學習一下如何在愛情中加入一些新意，也為自己的愛情加入一些樂趣。1 號應該學會突破自己的常規心理，懂得時不時改變一下自己的做法。

有時候你可以放棄你的嚴謹態度，變得調皮一點，讓他感覺到你的另一面，你可以和自己的愛人隔一段時間做一些平常不會做的事情，比如帶他去參觀你健身的地點、兩個人一起報名參加瑜伽課，甚至有時候你們可以共用一些東西，這些都會讓生活多一些樂趣。

絕對正確的理性者

容忍1號的過度挑剔

1 號性格者追求的是心目中的理想和完美，因而在現實中他們常常不遺餘力地強調某件事應該做或不應該做，應該怎麼做或者不應該怎麼做。

第二章　1號完美者：理想至上，追求完美

他們經常會說這樣的話：

「雖然我不是上司，但是看到你們不遵守規則，我也很氣憤，請按照規定來做，就這麼簡單，為什麼你們就做不到呢？」

「開車一定要遵守交通規則，否則不但危險，還會造成交通堵塞，難道你們不知道嗎？」

「你看你隨隨便便的，這樣衣著不整，把自己搞得邋裡邋遢的，怎麼見人啊，怎麼就那麼隨便呢？」

「你這個人總是不遵守規矩，老是遲到，老是犯錯，而且同樣的錯會犯好幾次，這麼簡單的事情都做不好，還能做什麼呢？」

……

總之，他們在溝通過程中常常過於關注黑點，而忽略黑點周圍的光芒，這樣的溝通模式常常會讓周遭的人備感壓力，甚至選擇逃避和離開他們。

人們在和1號溝通時，需要明白：儘管1號常常提出很多的「應該」以及「不應該」，但是他們的怒氣通常是針對某件具體的事情而言，並沒有完全否定另外一個人的意思。這樣在受到1號挑剔的時候，我們就能夠好好地容忍和理解了。

1號經常發出的4種訊號

1號性格者常常以自己獨有的特點向周遭世界發出自己的4種訊號：

▍正面的訊號

他們強調原則性和正確性，守信用並且勇於承擔責任，他們不以利益回報為指標，他們堅守原則，他們是規則的守護者。他們身先士卒，激勵

和鼓舞他人，向人們展示什麼是完美的工作，帶動大家追求更高更遠的理想，也幫助大家獲取更幸福的生活。

負面的訊號

他們常常評論他人，他認為評論是一種鼓勵和關心，在他的眼裡似乎沒有什麼是對的事情，一切都需要改進。他們的強勢態度和激烈言辭常常會讓周遭很多人心靈受傷，並直接影響他們的人際關係。他們也常常將自己與他人進行比較，如果自己較優秀則會很高興，如果他人較優越則會陷入深深的自卑和嫉妒中。

混合的訊號

他們過於關注心中的完美標準，以至於去壓抑內心真正的需求，他們所關注的問題是「應該」和「必須」，而不關注自己的真實願望，這些混雜在一起的訊號會讓人對其產生誤解。

內在的訊號

他們會因為對現實不滿而不自覺地產生憤怒情緒，但是他們時常對自己內在的氣憤情緒沒有自覺，他們甚至還習慣於用虛假的感覺去壓抑和隱藏心中的怒火。

理性而非感性

1號重視原則和真理，他們對於事物的看法常常是出於理性而不是感性。當他們欣賞談話對象的某項特質時，通常是理性方面的特質。

他們對人的信任可以分為三個層次：第一個層次是認知信任——它直接基於事實和邏輯思考而形成，而這種強調事實和邏輯的溝通手段正好

第二章　1號完美者：理想至上，追求完美

滿足了1號重理性、重分析的個性；第二個層次是情感信任——在和你相處過後，認為你提供的資訊和事實符合他的需求，便可能在感情上對你產生信賴感；第三個層次是行為信任——只有認同你提供的資訊以及做事談吐的行為風格後，才會形成行為信任，其特點是藉由維持長期關係和重複性交往而產生的。

人們在和1號進行溝通的時候，一定要重視理性分析，而不要和他們雲裡霧裡地談你的人生感受，或者邏輯混亂地談論某件事情，如果你這樣做的話，通常會讓他們感到厭煩，你們的溝通也不會愉快。

自己的觀點絕對正確

1號常常固守在自己思想的圍城當中，一旦他們認定了一件事情，通常會劃定一些原則和方法，劃定一些所謂的標準流程和核心價值觀。在他們的心目中，這些東西是完全正確的，是不容置疑的。他們一旦認定，就會像虔誠的教徒一樣，認為這個世界上只有一位所謂的真神，除此以外的一切都是虛假的偶像。

每當這個時候，追求完美和原則的1號就似乎開始變得不理智，就像擁有絕對的感性，對於與自己不同的觀點，他們的耳朵像躲在密不透風的牆壁後面，不管你說什麼，他們都堅持認為自己的決定是最正確的選擇。

所以當我們在意見上和1號有分歧時，最好不要針尖對麥芒地和他們爭辯，因為1號向來都對自己的觀點有盲目且絕對的自信。

所以當我們是對的時候，就要試著溫和地、有技巧地引導1號認同我們的看法；而當我們錯了的時候，也要對自己及他人誠實，因為每個人都會犯錯，我們需要向1號坦然地承認錯誤，這會比辯解更容易贏得1號的信任。

好為人師的「細節家」

1號是靠判斷性思維跟外界溝通的，他們關注細節，能迅速注意到事情的各個方面，並且以極快的速度找出其中的「不對勁」。一旦他們發現瑕疵，一定會提出修改意見，因為他們不能容忍事情的不完美。在人際交往中，1號常給人愛挑毛病的印象。

但是我們在和1號交往時，卻不能像他們那樣計較，抓住細節不放，而應堅持抓大放小的原則。因為1號的特點是追求完美的理想和原則，他們常常會顯得有點嘮叨、有點好為人師、有點雞蛋裡挑骨頭、有點讓人頭大和無奈，但是我們應該看到在這些小細節的背後，他們的目的是獲得更加完美的結果和更高的價值。我們甚至應該因為有他們的存在而感到慶幸，去讚賞他們的高標準和高品味。

給完美者的建議：別成為偽君子

根據對1號性格者發展情況的分析，可以將其劃分為三種狀態：健康狀態、一般狀態、不健康狀態。在不同的狀態下，1號表現出不同的性格特徵。

連結現實與理想

處於健康狀態的1號是內心平衡的人，他們通常能夠將個人的信念和現實合理接軌，既能堅持自己的理想，又能和外界和諧相處。對應的是1號發展層級的第一、第二、第三層級。

第二章　1號完美者：理想至上，追求完美

第一層級：睿智

第一層級的1號是個有智慧的人，他的智慧使得他能夠追求理想，但依然被認為是一個現實主義者。現實與理想的完美連結，是一種高超的智慧。

第二層級：理性

第二層級的1號是個講求理性的人，在他的世界裡，一切都可以客觀地看待，這種理性使其可以為現實負責，能夠使現實與理想達到比較平衡的狀態。

第三層級：原則

處於第三層級的1號講究原則，並把自己當作原則的遵循者，但是他卻不會強迫別人，是言傳身教的導師，他們信仰自己的真理，相信真理的原則終究勝利。

為理想而改變世界

處於一般狀態的1號是個內心充滿不滿的人，他們經常感覺自己的理想和現實無法和諧共存。對應的是1號發展層級的第四、第五、第六層級。

第四層級：理想主義

處於第四層級的1號堅持自己的原則，有堅定的理想並為之而努力，他們想要改變這個世界，他們在各種事情上堅持較高標準，並且用它們來促使周遭的世界向更好的方向發展。

第五層級：秩序

處於第五層級的 1 號心中有規則，他們拿這些規則去衡量周遭的一切事物，他們希望周遭的一切都符合自己的規則，覺得這樣的世界才有秩序，但是他們沒有自覺的是，有時候他們的規則已經是僵化的成規。

第六層級：評判

此層級的 1 號事事要求完美，他們認為只有完美才能讓自己感受到安寧。

理想極端化，現實地獄化

處於不健康狀態的 1 號是個內心失衡的人，他們的理想極端化，但現實地獄化，因此深陷於痛苦和破壞的衝動中。對應的是 1 號發展層級的第七、第八、第九層級。

第七層級：褊狹

處於該層級的 1 號內心的標準已經絕對化，他們認為自己的標準才是唯一正確的標準，他們不願意傾聽，也不願意承認還有第二套標準。他們認為如果世界沒有按照自己的標準，不是自己的錯，而是這個世界出了問題。

第八層級：強迫

處於該層級的 1 號常陷入自己的妄想而無法自拔，他們強迫自己的意念，強迫自己的行為。他們強迫自己不採取行動，但又無法壓抑內心的衝動，他們無法達到自己的標準，卻又要求他人達到，這時的他們是典型的偽君子。

第二章　1號完美者：理想至上，追求完美

▎第九層級：懲罰

處於該層級的 1 號內心充滿了懲罰的念頭,他們完全喪失了自己的愛人之心,已然成為「行使正義的俠客」。他們行為的出發點不是為了自己的理想,純粹就是要報復他人的不合作。

第三章
2號給予者：捨得給予，捨得付出

　　在九型人格中，2號是典型的助人為樂者，他們總是關注他人的感受及情緒變化，習慣主動採取行動幫助、關愛他人，以滿足他人內心需求，也會應他人要求改變自己的言談舉止，以遷就對方。

第三章　2號給予者：捨得給予，捨得付出

在付出中獲得快樂

性格特徵：信奉利他主義

- 外向、熱情、友善、快樂、充滿活力。
- 有愛心、有耐心，喜歡結交朋友，並且樂於傾聽朋友的心聲，但常常忽視家庭生活。
- 感受能力特別強，敏感而細心，能夠在一瞬間看透別人的需求。
- 對他人關懷備至，懂得讚賞別人，體諒別人。
- 懂得如何令人喜歡自己，很容易討人歡心。
- 爭取得到他人的支持，避免被他人反對，遭遇人際衝突或被指責會感到不安。
- 重視人情世故，懂得禮尚往來。
- 愛打聽別人的私事，常常不自覺地侵犯他人隱私。
- 為自己能滿足他人的需求而感到驕傲，從而認為自己是個重要的人。
- 常常為了滿足不同人的需求而扮演不同的角色，容易使自己困惑：「哪一個才是真正的我？」
- 常常忽視自己的需求，不清楚自己真正想要的是什麼。
- 對「成功的男人」或「出色的女人」十分依戀。
- 渴望獲得自由，但當自己被他人的需求所束縛時，又難以擺脫。
- 看淡權力和金錢。

性格分支：處於利己與利他的矛盾中

2號過於關注他人的需求，而忽視自己的需求，因此他們常常感到矛盾：到底該滿足自己的需求還是滿足他人的需求？這種矛盾心理往往明顯表現在他們的情愛關係、人際關係及自我保護的方式上。

▍情愛關係：誘惑、進攻

2號希望獲得他人的認可，首先就要吸引他人的注意力，因此他們會以滿足他人需求的方式誘使他人認同自己。而說到2號的進攻性，這主要表現在他們常常不顧對方意願，主動為他人提供幫助，或是克服種種關係中的困難，努力爭取接觸機會。

▍人際關係：野心勃勃

2號喜歡與強勢人物相處，他們總是為「成功的男人」或「出色的女人」所傾倒，並希望透過幫助這些強勢人物來獲得強權的保護，以提升自己的社會地位。

▍自我保護：自我優先

儘管2號常常以他人的需求為先，但那是以施與角度為基礎。也就是說，2號在幫助他人時，往往把自己定位在比他人更高的位置。因此，當2號的需求與他人的需求發生衝突時，他們就不再有什麼「紳士風度」，而是擁有極強的自我優先感。

第三章　2號給予者：捨得給予，捨得付出

正能量：愛心滿滿，利他精神

亮點

- 富有愛心和奉獻精神
- 站在他人立場看問題
- 及時洞察他人的需求
- 善於傾聽他人的心聲
- 習慣成就他人
- 十分重感情
- 以人為本
- 容易贏得人心
- 擅長營造關愛的氛圍
- 權力追隨者
- 幕後的支持者

對自己有利的做法

- 發現自己並不謙卑，而是驕傲的。
- 學會與他人討論自己，意識到自己對他人的真正價值。既不要過分驕傲，誇大自己的重要性，也不應該表現得過於卑微。
- 發現自己的控制欲，並逐漸收斂。

負能量：過度迎合，迷失自我

- ▶ 不要為了討好他人而違心地奉承對方，否則會使 2 號內心的焦慮感增強。
- ▶ 不要輕易為了他人而改變自己，要堅持自己的觀點，保持一貫的形象。
- ▶ 不要單憑第一印象來判斷一個人的性格好壞，因為人們在交際時最初的情感反應，往往是遮掩自己真正感情的虛偽面具，是不真實的。
- ▶ 當你的幫助被拒絕時，不要生氣，更不要有報復的念頭。
- ▶ 當你感到痛苦時，不妨試著進行心理治療，在一個小時的心理練習中集中注意力會受益匪淺。

負能量：過度迎合，迷失自我

局限點

- ▶ 容易忽視自己的需求
- ▶ 期望對方的回應
- ▶ 迎合他人而失去自我
- ▶ 慣於恭維和諂媚
- ▶ 以有無價值區分人
- ▶ 用愛來控制他人
- ▶ 過於注重人際關係
- ▶ 為他人耗費大量時間
- ▶ 忽略家庭生活

第三章　2號給予者：捨得給予，捨得付出

對自己不利的做法

- 害怕失去真正的自我，害怕被別人模仿，也害怕模仿別人。
- 在冥想的過程中，害怕身體的中心是一個空洞。
- 希望扮演另一個人，幻想透過不同的方式得到愛。
- 對自己扮演的多個角色感到困惑：到底哪一個才是真正的我？
- 當滿足他人需求的行為與自身發展的需求產生衝突時，會突然大發雷霆，認為是他人束縛了自己。
- 失去了權威人物的保護，就會產生強烈的不安全感，覺得生存受到威脅。
- 在兩性關係中，更願意選擇「愛我的人」，而不是「我愛的人」。
- 被難以得到的關係所吸引，容易陷入三角戀。
- 對於難以到手的目標，透過不斷地追求來維持控制權。
- 相信獲得認可與獲得愛同等重要，認為獨立將導致再也得不到愛。
- 要求獨享真正的親密，一旦得到，又沒有經驗去面對。
- 分不清真正的性需求和情感需求，難以區分逢場作戲的愛情遊戲和海誓山盟的真愛。
- 要求獲得無限自由，拒絕對多樣的自我做出承諾。

如何讓「給予」寶寶健康成長？

缺乏關愛的童年

　　許多 2 號性格者都表示，他們之所以能夠特別敏銳地覺察出他人的需求，主要是因為他們童年時期受到父母冷漠對待，而他們為了引起父母的注意，不得不學會察言觀色，對父母投其所好，以滿足父母需求的方式來獲得父母對他們的關愛。從心理學的角度來說，長期對孩子的情感需求漠視不理的父母，等於犯了消極虐待的過錯。也就是說，正是父母的冷漠鍛鍊了他們敏銳的識人能力，並養成了「付出才有收穫」的不安心理，這就是雨傘效應。

　　在這種家庭背景中，2 號在孩童時期很討人喜歡，因為他們知道如何讓他人高興。他們能迅速發現自己身上吸引他人的地方。不僅如此，他們還能針對不同的成年人，做出不同的表演。整體來說，他們是惹人愛的孩子，而且知道如何讓這種喜愛源源不斷地湧向他們。但他們在不同角色之間來回轉變時，就容易遺失了真正的自己。

使孩子有自己的判斷

　　2 號孩子最關注他人的需求，喜歡根據他人的喜好來改變自己，因此他們常常讓別人為他們做出選擇，喜歡依附在別人的思想裡。長久下來，這種依賴感，就會使 2 號孩子失去獨立思考的能力和創造的勇氣，因為他總是需要藉助別人的扶持來獲得自己的利益，就會嚴重阻礙自身的發展。

　　2 號孩子之所以喜歡讓別人幫他們做出選擇，不僅是因為 2 號孩子以

他人的需求為先，也因為 2 號孩子害怕承擔選擇所帶來的責任。殊不知，天地萬物都有兩面性，在慶幸自己避免了許多麻煩的時候，人生的機會也悄然逝去。

如何讓孩子勇敢地表達自己的思想，做回自己呢？家長可以嘗試以下幾種教育方式：

1. 在處理家庭事務時，讓孩子有參與的機會，培養他的判斷力和表達能力。

2. 避免孩子缺少理想，幫助孩子分析自己的喜好，從中找到自己擅長的東西，並盡力擴大它，同時鼓勵孩子將其作為自己的理想去努力。

3. 培養孩子的自信心，避免讓孩子的精力在無端的糾結和煩惱中耗盡，導致孩子成為「鴕鳥人」和「鸚鵡人」，在別人的心中失去應有的分量。

總之，父母要使 2 號孩子明白：做人要有自己的價值判斷和主見，不能隨波逐流或受制於某種外在因素，否則，人生會遭遇許多意想不到的麻煩和困局。

教孩子懂得拒絕

2 號孩子的核心價值就是付出，因此他們常常為滿足不同人的需求，不斷地改變自己，長此以往，就使得他們找不到真正的自己，困惑不已。在這樣的情況下，2 號自身的發展就受到了嚴重的阻礙。

而孩子不會說「不」，在相當程度上是受比較強勢家長的影響而形成的「畏縮心理行為」。父母單方面要求孩子在競爭中放棄主動權的後果，就是讓孩子喪失自信心，變得沒有主見，對什麼事都滿不在乎。因此，2

號孩子的父母要教會孩子說「不」。

　　心理學家說，人類所學的第一個抽象概念就是用「搖頭」來說「不」。譬如，一歲多的幼兒就會用搖頭來拒絕大人的要求或者命令，這個象徵性的動作，就是「自我」概念的起步。「不」固然代表「拒絕」，但也代表「選擇」，孩子透過不斷地選擇來形成自我，界定自己。因此，當他們說「不」的時候，就等於說「是」，我「是」一個不想成為什麼樣子的人。也就是說，只有當 2 號孩子學會了說「不」，才開始真正理解自己。

讓孩子擁有交流的主動權

　　在傳統的家庭階級制度思想影響下，許多父母陷入了交流的迷思：交流就是不斷教導孩子正確的生活方式。之所以說它是迷思，是因為在這種方式中，只有父母在說，而父母沒有聽孩子說，單方面的付出算不上交流。

　　據科學研究顯示，孩子的語言敏感期是 0～6 歲，在這期間，嬰兒從注視大人說話的嘴形，並發出牙牙學語的聲音，從而開始了他的語言敏感期。孩子 2 歲以後進入了「語言爆發期」，不但會自言自語，也特別會模仿成人說話，就如同模仿人說話的鸚鵡。在兒童語言發展的關鍵期，如果父母沒有引導孩子說的欲望，就會阻礙孩子的語言表達能力。然而，大多數父母對孩子在生活上十分關愛，可在真正了解孩子的內心需求方面卻做得遠遠不夠。孩子在學習和生活上遇到什麼問題，並向父母訴說時，稍不如家長的意，就會被打斷。家長不讓孩子把話說完，輕則斥責，重則打罵，對此，孩子只能將話嚥回去。據某一項調查顯示，70%以上的父母承認沒有耐心聽孩子說話。

　　而對於 2 號孩子來說，他們更希望獲得交流的主動權，他們努力把自

己塑造成父母喜歡的樣子，其實就是為了讓父母更關注他們的想法，更支持他們的決定。由此來看，父母在對2號孩子的教育中更要注意多聽少說。

教孩子勇於挑戰

2號為了確保自己的安全，往往會選擇迎合權威人物的喜好，期望獲得權威人物的保護。在2號孩子的眼裡，父母往往就是他們需要迎合的權威人物，因此他們總是對父母唯命是從，是個聽話的好孩子。

當2號孩子上學以後，他們又會將老師視為需要迎合的權威人物，對於老師的要求，他們總是盡全力做到，因此老師們都很喜歡2號孩子。綜上所述，只要2號認為某個人是權威人物，他就會以那個人的喜好為基準來改變自己，以博取對方歡心。長久下來，2號孩子就會變得沒有主見，難以擔當重任。這時，就需要父母幫助孩子重新正視自己的需求，勇於肯定自己。

躲在幕後的「推手」

權力的追隨者

在2號性格者看似無私付出的背後，隱藏著2號對於權力的渴望，他們深知，獲得權力，是滿足他們自身控制欲的首要前提。

一般來說，2號的權威關係主要有以下特徵：

▶ 2號性格者是權力的追隨者，即便他們不是掌控權力的領導者，他們

也希望得到當權者的愛，會以種種方式去滿足當權者的需求，以討得當權者的歡心。

▶ 對於 2 號來說，當權者喜歡什麼樣的人，他們就會把自己變成什麼樣的人，他們非常善於根據當權者的喜好來改變自己。

▶ 儘管 2 號也具備領導者的能力，但 2 號還是傾向於扮演「垂簾聽政」的角色。他們更喜歡扮演宰相，而不是國王，這個位置讓他們更有安全感。

▶ 2 號具有敏銳的識人能力，因此他們非常善於發現環境中潛在的勝利者，並懂得投其所好，在幕後為其出謀劃策，扮演好幫手的角色。

▶ 透過維護權威，2 號不但確保了自己的未來，也獲得了他們想要的愛。

▶ 儘管 2 號並不承認自己幫助領導者是為了獲得回報，但他們的確非常在意權威人物的表態和意見。他們會從自己的角色中謀取利益，不過對他們來說，最大的利益就是永遠位於當權菁英的核心關係圈內。

▶ 2 號深知要想獲得權力，要先獲得人心，因此他們十分注重人際交往，也十分擅長處理人際關係，總是能夠讓自己融入團隊的核心中，在團隊裡擁有較大的影響力。

▶ 2 號希望人人都喜歡自己，因此他們很少會選擇不受歡迎的位置，除非這個位置背後有一個更強大的權力集團。

▶ 2 號善於觀察他人的需求，因此他們能輕易分辨出，哪些人物是需要精心對付的，哪些人物是不用浪費時間的。

第三章　2號給予者：捨得給予，捨得付出

適合的環境

2號性格者獨特的性格特點，使得他們能良好適應某些環境：

2號喜歡幫助他人，因此他們適合在經常接觸人的行業中發展，以便有機會去幫助他人，並從中得到滿足。舉例來說，2號可以成為支持環保事業的呼籲者、社會服務的志工，以及其他對社會有幫助的行業。

2號有極其敏銳的識人能力，他們總是能夠輕而易舉地接觸到那些權威人物，並能引起權威人物對他們的好感，因此，2號也可以從事那些能夠讓他們支持權威人物的職業。舉例來說，2號可以成為某個宗教領袖的門徒，可以是搖滾歌星的粉絲，可以擔任總裁的祕書，或者其他領導人物的得力助手。

2號內心深處具有極強的控制欲，渴望獲得他人的認可和讚美，因此2號也適合從事能充分展示自身魅力的職業，比如化妝師、歌舞團的演員或者個人色彩顧問等。

不適合的環境

2號性格者獨特的性格特點，使其在一些環境中很難適應：

2號有極強的依賴感，因此不適合從事需要獨自安靜工作的職業，比如畫家、作曲家、作詞人等藝術工作。

2號甘於付出的本質在於渴望回報，因此不會去從事那些不被社會認可或贊同的行業，比如討債公司。

聽話的員工老闆愛

職場上，大多數老闆都喜歡聽話的員工，但 2 號老闆在這方面更為顯著。這是因為 2 號性格者往往有較強的控制欲，他們希望透過付出的方式來贏得別人的認可，並據此達到他們操控他人的目的。因此，2 號上司的管理方式往往是：誰聽話我就喜歡誰。

如果你的上司是 2 號，你只要盡量服從上司的安排，就能博取上司的歡心，讓他喜歡你並提拔你、幫你調升薪資、為你提供更好的福利。相反地，如果你面對 2 號上司的安排，總是持不滿意見、據理力爭、表達自己的想法，就會讓他留下你不聽話的負面印象。要知道，2 號上司最討厭別人拒絕他的幫助，當一個下屬拒絕 2 號上司的安排，2 號上司就會覺得這個下屬辜負了他的好心，因而變得冷酷，即便不會故意刁難這個下屬，也會常常採取忽視的態度。

如何做個聽話的員工，討 2 號老闆的歡心，同時又表達自己的觀點，並爭取到上司的支持呢？你需要注意幾點和 2 號上司相處的技巧：

定期向上司彙報工作情況和情緒，以便讓上司為下一步行動做出準確的判斷。

接下上司交付的任務時，不要問太多細節。

自己對任務進行分析，擬一套執行方案後，再與上司進行較為深入的溝通。

遇到問題後自己先想辦法解決，解決不了就要及時尋求上司的幫助。

和上司意見不同時，不要直接與其發生衝突，而應該私下找機會或者以郵件表達不同看法。

第三章　2號給予者：捨得給予，捨得付出

讓員工有被倚重的感覺

2號喜歡用付出來換取回報，從而達到他們操控他人的目的。由此看來，2號性格者也是典型的權力追隨者，只不過他們不像8號領導型那樣直接追求權威，而是透過「服務者」的形象來扮演權威的幕後操控者。

他們認為，間接地參與領導事業要比直接面對對手的敵意和拒絕更輕鬆。因為透過扮演幕後操控的管家角色，2號能夠自由觀察並試探他人。他們在完全認同領導者的安排的同時，也會在團體內部發展一個強大的內團體網路。對於2號來說，這是一個完美的權力位置。他們的建議決定了什麼樣的需求能夠得到滿足，他們能夠幫助整個內團體，同時又能維護自身利益。而且，在面對壓力時，他們會讓內團體的成員齊心協力，共渡難關。

面對這樣的幕後操控者，領導者不得不忍讓三分。只要領導者能給予2號員工足夠的尊重和認可，使2號員工有「我很偉大」的感覺，2號不僅會甘心屈居幕後的位置，還會全心全意地為領導者出謀劃策，並調動所擁有的強大人脈力量，幫助領導者獲得更好的發展。

客戶能幫你轉介

2號喜歡幫助別人，滿足他人的需求。只要你細心觀察，就會發現，2號總是帶給人們大量的經驗資訊，比如，你正準備買手機，2號就會根據他自己的經驗來幫你分析哪款手機性價比高。總之，只要身邊的人有需求，2號總是竭盡所能地盡量滿足。此外，2號帶給他人的大量資訊常常刺激他人的欲望，促使其產生消費行為。

從這個性格特徵來看，2號可以算得上企業之外的最佳業務員。因

此，業務員在面對 2 號客戶時，就要有「讓客戶替我行銷」的行銷概念，盡力取得 2 號客戶的信任和支持，並維持良好的合作關係，也就能讓 2 號替你行銷，提升你的銷售業績。

愛情不能與付出畫等號

「只付出，不索取」的婚戀心態

在 2 號的親密關係中，2 號能夠幫助伴侶發展，因為他們認為「如果對方得以發展，他們也會激發我的優點」；但 2 號也容易成為伴侶的監控者，為了完全控制對方而給予伴侶過度的關懷，常常引起伴侶的反感。

一般來說，2 號的親密關係主要有以下特徵：

- 2 號喜歡具有挑戰性的兩性關係，他們的目標總是那些有點距離感、無法輕易得到的人，因為追求這樣的人讓 2 號很興奮，容易激發 2 號的潛能。
- 2 號容易被充滿障礙、無法開花結果的情感關係所吸引，這樣他們就不需為對方付出過多。
- 2 號容易被外表卓爾不群的人物吸引，喜歡接近那些「成功的男人」和「出色的女人」。
- 2 號認為性和吸引就等同於愛。
- 2 號害怕被拒絕，因此他們常常主動出擊，希冀用自己的付出來換取他人對自己的信賴，如此便可擁有安全感。

第三章　2號給予者：捨得給予，捨得付出

- 表面上的情感短暫爆發，實際上是在分散注意力。2號會藉助突然放聲大笑等極度活躍的表現，或者挑逗調情來掩蓋他們對自身需求的不安全感。
- 2號喜歡迎合那些他喜歡的人，根據對方的喜好來改變自己，以吸引對方的目光。
- 2號傾向於以表現尊卑及服務別人來操縱關係，想占有別人生命中不可取代的位置。
- 2號很容易與伴侶同化為一體，在精神上為對方承受很多壓力，樂於分享對方的成就。
- 當2號花在伴侶身上的心思沒有被察覺時，他們會有過度的情緒反應，比如埋怨、憤怒、指責等等，目的在於竭力使對方產生內疚感，給予2號期望的回報。
- 當2號和伴侶的關係穩定後，2號就會對伴侶產生極強的依賴感，希望時時刻刻和伴侶廝守在一起，使得彼此沒有自己的空間，常常讓伴侶喘不過氣來。
- 當2號和伴侶的關係穩定後，2號就會逐漸發現，自己為了討好伴侶而出賣了真正的自我，這時，他們感到自我被束縛，就會發脾氣，並可能開始反對伴侶想要得到的所有東西。

別只做愛情世界裡的付出者

　　在愛情中，2號性格者非常關注對方的感受和需求，他們會把對方的需求和感受放在首位，不惜改變自己來配合對方，有時甚至是犧牲自己來遷就對方。

當2號愛上一個人，他就會以對方的興趣和夢想為目標，主動學習對方喜歡的東西，涉足對方感興趣的領域，並付出自己的一切努力，調動自己的一切資源，來幫助對方實現夢想，希望藉由這樣不斷付出的行為來獲得對方愛的回應。會因為自己被對方需要而滿足。

　　但是，在愛情的世界裡，不是有付出就有回報，許多時候，2號單方面付出的行為無法獲得對方的肯定，反而得到對方的否定，因為這些全心全意的付出造成對方太大的壓力。因此，2號在付出愛的同時，也別忘了向對方索取愛的回報，這才是真正惺惺相惜的愛情。

距離才能產生美

　　2號性格者以滿足他人的需求為己任，他們隨時關注伴侶的需求，時時刻刻都希望能夠與對方廝守，追求如膠似漆的親密感。因此，2號會非常細心地關照和重視對方的一切，包括對方的家人和身邊的朋友，有愛屋及烏的行為。

　　然而，2號也需要感受到對方對自己的關愛和重視，需要感受到對方感激自己所付出的愛，因此2號在傾心付出愛的同時，亦需要在對方身上收穫能夠依賴的感覺。這種依賴常常讓2號的伴侶倍感壓力，從而產生逃離的念頭。

　　心理學研究顯示，人與人總是處在一定空間距離的位置關係上，這種空間關係在特定的環境中傳遞著不同的心理感受，人們在友好時接近，在對立或關係疏遠時保持一定距離。這些現象都說明：在審美活動中保持適當的空間距離是必要的，必須把空間的遠與近靈活地結合起來。愛情更是如此，要想維繫一段甜蜜的愛情，必須要懂得營造彼此的「距離感」，才

第三章　2號給予者：捨得給予，捨得付出

有吸引對方的美感。

因此，2號性格者不要再時時刻刻地關注伴侶的需求，更不要像個保母一樣時時刻刻為你的伴侶服務，而更應該關注自己的需求，不僅有利於提升自己，也能擁有源源不斷的吸引力，以吸引伴侶的關注。

別讓關係太曖昧

2號性格者喜歡關注他人，也喜歡對他人做出有價值、無價值的區分判斷，從而讓自己接近並迎合那些權威人物，來滿足自己被認可的欲望。因為具有這樣的性格特點，2號很容易被那些「成功的男人」和「出色的女人」所吸引，不自覺地迎合他們，竭盡所能地討好他們，以博得他們對自己的好感。2號這樣的行為，常常造成自己和那些「成功的男人」或「出色的女人」的曖昧關係，陷入三角戀情而不自知。

而且，即便2號發覺自己和他人的這種曖昧情愫，也不會強迫對方接受自己的感情。因為2號喜歡付出勝於索取的性格，決定了他們並不要求完全占有自己的愛人，但他們希望自己是那個能夠真正理解對方並被深愛的人。即使不能得到承諾和名分，只要他們認為自己才是對方生命中不可或缺的一部分，就滿足了。所以，當2號和已婚者發生曖昧關係時，他們往往不希望破壞對方的家庭，也不想侮辱對方的合法伴侶，只想在對方心中占據特殊的地位。但是，2號這種對待曖昧關係的態度，不僅傷害到他人，更會傷害自己。而且，2號內心深處還是堅信「付出是為了回報」的人生態度，也就是說，在曖昧的感情裡，當2號發現自己不再是對方心目中的「男神」或「女神」之後，就會變得冷酷無情，對對方做出一些報復行為。

「我為人人」的利他主義者

2號在溝通中很少提及自己

2號是非常重視人際關係的人,他在與人相處時能夠很好地表現自己。在與2號交談時,他往往很快就會聚焦到你的需求上,並在交談中根據你的反應來調整自己的行為。

但是,2號並不擅長談論自己。當你在與2號交談時,總會發現,本來是談2號自己的事情,結果談著談著就談到你身上來了。如果你和他們說話,整個過程中他們多半是在談你或別人。即便你試著把2號的思考方向拉回到他們身上,但講著講著,他們又不自覺地開始談論起你或者他人。總之,2號因為不關注自己的需求,因而在談話中不太提及自己。

而溝通是個雙方或多方的行為,因此習慣隱藏自己的2號往往給人一種難以接近的感覺,也就難以獲得他人的信任。因此,2號在與人溝通時,不妨試著將注意力轉移回自己身上,適當丟出一些自己的個人資訊,往往能激起他人的心理共鳴,也就找到了共同話題,從而有利於2號和他人建立穩固的關係。

2號經常發出的4種訊號

2號性格者常常以自己獨有的特點向周遭世界發出自己的4種訊號:

正面的訊號

當你和2號相處時,2號會努力讓你覺得你是特別的,因此你值得他

第三章　2號給予者：捨得給予，捨得付出

們花精力、花時間，你的需求會很快得到滿足：他們幫你聯繫你想找的人、幫你達到你想要的目標、幫你爭取你希冀的利益。

▎負面的訊號

2號總是在關注他人的需求，也希望他人能歡欣鼓舞地接受2號的服務，並給予高度的認同和讚美，這讓2號表現出了強烈的控制欲，也就嚇退了那些希望獲得幫助的人。

▎混合的訊號

當2號與他人發生利益衝突時，2號往往不會發出明確的回饋訊號，而是會發出混合訊號。也就是說，2號不會為了利益直接向你撒謊，但他們會精心設計和你的交流過程，引導你漸漸偏離方向，進而脫離利益中心，你也就喪失了這場利益之爭的主動權。

▎內在的訊號

2號看似一個甘於服務眾人的謙卑者，實則不然，他們內心無時無刻不為自己驕傲，不過他們總是將這驕傲巧妙地隱藏起來，因此許多人才會覺得：2號多麼謙卑啊！而且，許多2號本身也沒有意識到自己的驕傲。

直接向2號求助

人際交往中，免不了要請人辦事。作為求人者，大多數人礙於面子，害怕被拒絕，因此往往不敢直接開口請求，不是藉第三者傳話，就是說話繞圈子，常常使求助對象聽得莫名其妙，從而耽誤了解決問題的最佳時機。

如果你的求助對象是2號性格者，大可不必拐彎抹角地提出請求，而應直接對他們說出你的需求。對於喜歡幫助他人的2號來說，被人需要是

值得高興的事情，這是證明自己存在價值的時候，他們不僅不會拒絕，反而會全心全意幫你處理，他們的付出甚至遠遠超過你的需求。

而且，2號性格者善於觀察他人，他們往往極為敏銳，他們可能比你更清楚如何滿足你的這些需求。以具體形象來說，他們是天生的護士，善於按病情的輕重緩急分送救治，當大禍臨頭時，他們知道如何安排事情的優先順序，並且總是能保持冷靜。

不要忘記說謝謝

無論是哪一型的人格，都希望自己的付出有所收穫，因此，每一個人都應對他人的給予表達感恩。感謝的力量在人際交往中舉足輕重。無論是你對別人說，還是別人對你說，你都會體會到它的重要性。「謝謝」不僅僅是一句客套話、一句禮貌用語，它已經成為人們心靈交流的潤滑劑。

而2號的付出看似無私，其實在本質上渴望對方的回報，如果得不到對方的回報，他們就會懷疑自己付出的正確性，甚至會遷怒對方，認為對方是忘恩負義之人。因此，針對2號的這種性格特徵，人們要注意培養自己的感恩之心，對2號的幫助及時表達感謝，並在自己力所能及的範圍內給予一定的回報，這樣才能維繫彼此友好的關係。

給給予者的建議：別成為惡性操控者

根據對2號性格者發展情況的分析，可以將其劃分為三種狀態：健康狀態、一般狀態、不健康狀態。在不同的狀態下，2號表現出不同的性格特徵。

第三章　2號給予者：捨得給予，捨得付出

利他主義的忠實信徒

　　處於健康狀態的2號是內心平衡的人，懂得關注自己的需求，並會為自己的需求而努力，同時也能給予他人適當的幫助。對應的是2號發展層級的第一、第二、第三層級。

　　處於第一層級的2號是利他主義的忠實信徒，他們總是無私地、源源不斷地向他人奉獻關愛，他們在這種無私奉獻中完全忽視了自己的需求，因此他們並不要求對方給予回報。

　　處於第二層級的2號是所有人格類型中最具同理心的，儘管他們不如第一層級的2號那樣無私地利他，但他們也能夠隨時關心他人的需求，飽含同理心，能夠設身處地地為他人著想，並盡量滿足他人的需求。

　　處於第三層級的2號在對他人的幫助上比第二層級的2號更進一步，因為此時的2號不僅在精神上慷慨，還能在物質上慷慨。從這一層級開始，2號表現出了自我犧牲的傾向。

為討好他人而放棄自我

　　處於一般狀態的2號是個內心充滿不滿的人，他們會為了討好他人而放棄自我，壓抑自我的需求，容易變成憂鬱症患者。對應的是2號發展層級的第四、第五、第六層級。

　　處於第四層級的2號開始將聚集在他人身上的注意力轉向自己，以自己為焦點。他們的注意力從樂善好施轉向不斷確認他人是愛他們、對他們有感情的，並開始從自己的角度來看待他人的需求。

　　處於第五層級的2號開始突顯出自己的占有欲，他們喜歡營造一個以

自己為中心的大家庭或共同體。如此一來，他們便成了他人生活中的重要人物。

處於第六層級的 2 號繼續偏向其性格中不好的一面，開始變得自負，覺得自己做了很多好事，為別人做了很有意義的事，他們認為獲得別人的感激是理所當然的。

因憤怒而變為操控者

處在不健康狀態中的 2 號是個內心失衡的人，他們感覺不到別人需要自己、認可自己，因此他們感到憤怒，會由服務者變成操控者，做出損人利己的行為。對應的是 2 號發展層級的第七、第八、第九層級。

因為受到長期傷害，抑或是一場重大的人生災禍，2 號往往會從第六層級向第七層級轉變，他們性格中惡的一面開始顯現 —— 自我欺騙。

到了第八層級，2 號對他人的控制欲更加惡化，開始呈現精神疾病的傾向，他們有時甚至神經質地強制要求他人付出愛。

到了第九層級，2 號已經完全走入了其性格的歧途。當他們得不到他人的關愛時，他們會下意識地試著走旁門左道，甚至因此成為罪犯也在所不惜，完全呈現出一種病態的行為。

第三章　2號給予者：捨得給予，捨得付出

第四章
3號實做者：效率與成功的化身

　　在九型人格中，3號是典型的實做主義者。他們重視效率、追求成功，相當善於表達自己的想法。他們以自身為典範，對周遭的人也有激勵作用，從而產生成就大事的能量。

第四章　3號實做者：效率與成功的化身

目標導向的實做者

性格特徵：信奉理性至上

- 充滿活力與自信，在與人交往時表現出風趣幽默、處世圓滑、積極進取的一面。
- 非常注重自己的外在形象，希望總是給人紳士、淑女等好印象。
- 適應能力強，見什麼人說什麼話。
- 害怕親密關係，不喜歡依賴別人，怕受到傷害或被人發現弱點。
- 喜歡競爭，有強烈的好勝心，不願接受失敗。
- 一旦失敗，會非常沮喪、意志消沉。
- 雄心勃勃的野心家，希望引起別人的關注、羨慕，成為眾人的焦點。
- 是典型的工作狂，他們在工作的時候往往能全心投入，忽視個人情感。
- 行動能力強、工作效率高。
- 靠自己的努力去創造，相信「無功不受祿」，亦相信「天下沒有搞不定的事」。
- 看重自己的表現和成就，喜歡透過具體的行為來衡量自己在他人心目中的地位。
- 信奉理性至上的原則，不注重自己的精神需求，也不了解如何顧及別人的感受。
- 認為經濟基礎決定精神生活，相信只要有足夠的物質基礎，就能獲得愛情。

- 重視名利，是個現實主義者，為維持一些外在假象，甚至可以冷酷無情、不擇手段，有時甚至犧牲情感、婚姻、家庭或朋友。
- 喜歡炫耀，常常在別人面前誇耀自己的能力、才華、背景、家庭、伴侶，自我膨脹的情形很嚴重，有些更是自戀者。

性格分支：經常陷入選擇的危機中

3號性格者偏執地認為名利、地位是評判一個人好壞的標準，因此他們總是關注成就，而不是自身感受，這就容易導致3號陷入選擇的危機：該走哪一條路呢？該去爭取成功，還是去面對自我？這種迷茫心理往往明顯表現在他們的情愛關係、人際關係及自我保護的方式上。

情愛關係：性感

3號為了吸引異性的關注，常常傾向於保持性感的形象，他們把自身的性感和對他人的吸引力視作一種個人價值，他們會努力在他人眼中表現得魅力十足。也就是說，他們能夠裝扮成伴侶的夢中情人，具有極強的持久偽裝能力。也喜歡用時尚新潮的外表來吸引異性注意，什麼流行穿什麼，卻常常忽視自己的風格。

人際關係：重視聲望

3號認為，要吸引他人的關注，首先要使自己有高度聲望。他們非常在乎社會資歷、頭銜、公開聲譽，以及與社會名流的關係，他們以認識名人為榮，更渴望自己成為名人。因此他們會利用一切方式來幫助自己獲得更高的聲望，他們會改變自己的個人特徵來配合群體的價值特徵，並努力成為群體的領導者。

第四章　3號實做者：效率與成功的化身

▎自我保護：安全感

　　3號認為，金錢和地位能夠為他們帶來安全感，讓他們感到自己被關注、被讚賞。因此，他們喜歡追求擁有金錢和物質，努力工作，這樣能夠減少他們對個人生存的焦慮感。但是即便過著富裕的生活，他們還是會擔心有朝一日丟掉飯碗，變得一窮二白，所以他們在工作上從不懈怠。

正能量：熱情高效，行動力強

亮點

- ▶ 注重形象
- ▶ 充滿熱情
- ▶ 追求成功
- ▶ 善於激勵他人
- ▶ 極強的說服力
- ▶ 勤奮好學
- ▶ 喜歡競爭
- ▶ 擅長交際
- ▶ 天生的領導者
- ▶ 注重效率

對自己有利的做法

- 放緩工作節奏，為自己的情感和真實思想留下時間，思考驅使自己不停工作的動機。
- 留意自己是否有成為工作狂的傾向或者已經成為工作狂，適當地將自己的注意力從工作中轉移到家庭或友情中。
- 學會將工作和生活分別看待，為了工作，你需要在大眾面前表現出職業形象；但在生活中，則要回歸真正的自己。
- 關注自己及他人的真摯感情，學會被感動、被影響，可以為了別人而大喜大悲。
- 試著透過身體的感覺來發現自己的感受。
- 客觀看待自己的能力，不要讓對個人成功的幻想取代了自己的真實能力。
- 不要過度重視自我價值，不要把自己視為不可或缺的關鍵人物，而把周遭的人都看作沒有能力的懶惰蟲。
- 適當收斂自己喜歡掩飾的傾向和表演欲，揭開面具，真誠地待人會更好。
- 遇到阻礙時，不要選擇忽視、逃避，而要正視這些阻礙，並利用綜合思考能力從以往的經驗中尋找解決辦法。
- 意識到自己總是希望成為最完美的精神病患，總是在心理師面前表現出典型症狀，把治療當成工作，把冥想變成任務。「我今天靜坐了多少分鐘？」

第四章　3號實做者：效率與成功的化身

負能量：急功近利，忽視內心

局限點

- 忽視感情
- 自我欺騙
- 獨自承受負擔
- 不擇手段
- 不能面對失敗
- 過於追求名望
- 典型的工作狂
- 唯才是用
- 急功近利
- 自戀自大

對自己不利的做法

- 感覺不到真正的自我，常常困惑地問自己：「我的感覺正確嗎？」、「哪種感覺是真的？」
- 在冥想的過程中，擔心真正的自我根本不存在。
- 不喜歡討論感情問題，更不喜歡關注自己對感情的感覺，認為在感情裡，「怎麼做」比「感覺怎樣」更重要。
- 為自己打造虛幻的形象，並且相信這些特質是自己天生就有的。

- 活在自己幻想的世界裡,即使這樣並不能帶給自己成功,也甘願繼續麻痺自己。
- 做事情總是急於求成,常常因過於追求速度而忽略細節及品質。
- 在接受心理治療時,傾向於選擇十分能幹而吸引人的心理師。看重的是心理師的價值,而不是去發現自己的價值。
- 不能接受他人對自己的建議和指責,固執地認為自己的一切行為都是正確的,將自己美化成一個聖人,而聖人是不應該受到任何指責的。

如何讓「實做」寶寶健康成長?

渴望他人肯定的童年

在 3 號的內心深處,他們早已經把他人給予的愛與自己的表現畫上了等號。父母就像是他們的鏡子,是他們理解自己的途徑。3 號孩子對在其成長過程中給予自己關心照顧和肯定的家長是極為認同的,並且會主動找出這位家長對自己的期待,然後盡力達成它,以此來獲得更多肯定和關愛。對 3 號人物來說,這是他們的最大成就,甚至不在乎為此放棄自己真正的喜好和追求。

當 3 號孩子深感家庭的背景有瑕疵(比方說,父親有外遇等不可告人的醜聞),或社會地位並不高,他會滋生出濃厚的責任感,他覺得自己必須設法將家人從抬不起頭的名聲中「拯救」出來。而且,許多 3 號不會選擇自己最愛的職業,而會選擇能夠帶給家人榮譽與財富的職業,以使家人過更高尚的生活。

第四章　3號實做者：效率與成功的化身

打破孩子的「第一」情結

　　3號孩子認為，個人價值完全取決於自己所贏得的成就。他們要求把每一件事情都做到最好，這樣父母就會讚美他們出色的表現，從而讓他們看到自身的價值，他們學習的努力程度超乎自己的想像，他們追求的並不是良好的感覺，而是讓人產生敬畏的力量。這一點在孩子身上最顯著的表現就是他們對於分數的執著，無論學習得多麼辛苦，考卷上一個鮮紅的100分，往往能讓他們所有的不快都煙消雲散。

　　然而，這也就造成了3號孩子不會自己放鬆和減壓，他們勇往直前、容易衝動卻不會自制。他們容易讓周遭的人產生可怕的壓力，使同學對他們敬而遠之，這就是一般學校裡的佼佼者都缺少好朋友的原因。而且他們固執地認為自己是對的，不用他的方法看待事物的人都是錯的，這種優越感會在心理上對他人造成傷害。面對3號孩子，父母一定要教育他們掌握奮進得當和韜光養晦的精神，只有學會理解別人，他們才能得到別人的理解。

多賞識，少譴責

　　3號孩子之所以會形成性格中的缺陷，相當程度上起因於童年父母過度專制。3號孩子之所以好勝心切，是因為他們渴望得到保護，並嚴重缺乏安全感。不同類型的孩子或多或少都有缺乏安全感的表現，但是成因和解決方式卻大不相同。2號給予型的孩子會採取討好的方式來獲得安全感，6號懷疑型的孩子會透過質疑事物來獲得，而3號實做型的孩子則是用強硬的外表，甚至暴力來掩飾自己內心對安全感的渴望和保護。

　　在專制型家長的嚴厲干涉和管教下，3號孩子的個性就被扭曲，表現

出來的負面性格時常壓過正面性格。而家長則認為「不聽話」的 3 號孩子更加需要嚴厲管教，於是惡性循環就這樣開始。儘管 3 號孩子能夠憑藉自己的努力獲得成功，但他們因為人生觀被扭曲，已難以擁有一個完整的人生。

為了把 3 號孩子培養成性格健全的人，作為父母一定要講求科學的教育方法，絕不要無限制地否定孩子的想法，限制他們的自由，也不要對孩子發號施令及嚴厲懲罰，因為這樣的做法看起來似乎是為了孩子的將來，實際上卻相當自私和殘酷。

對孩子不要過度誇獎

早在童年時期，3 號性格者就多次因為努力上進的表現而受到父母的讚揚，這令他們感覺非常好。為此，他們會不斷努力，去完成一些會獲得父母讚賞的事情。而當他們得到讚賞後，又會不自覺地去指定下一件要完成的事情。久而久之，這個循環會越來越短。3 號會不斷地完成事情，以期不斷獲得讚美。這就使得 3 號孩子常常患有一種「索取讚美綜合症」。

德國著名教育家卡爾・威特認為，在教育孩子時，表揚不可過多過高，不能讓孩子情緒過熱，過多的讚美會讓孩子產生錯覺，要麼認為自己比任何人都要出色，要麼就逐漸形成壓力，為了誇獎而去做。所以誇獎要適可而止，大人在誇獎 3 號孩子時一定要實事求是，不要誇大其詞，並在表揚孩子時應為他指出其不足之處，或者用欣賞、交談、聆聽等方式代替過度誇獎。

第四章　3號實做者：效率與成功的化身

使孩子明白失敗並不可怕

　　3號性格者把大量精力投入到對成功的追求中，所以一旦失敗了，他們要麼就堅信「失敗為成功之母」，要麼就會把失敗的責任推卸給他人，總之，他們不敢面對失敗，會盡量逃避失敗。

　　早在孩童時期，3號就表現出了較差的心理承受能力。他們擁有聰明的頭腦，也曾是全班甚至全校的模範生，但往往因為一次考試不理想或是老師某一句話對他造成打擊，就變得意志消沉，學習成績下降，上課不集中精神，甚至是逃學。他們承受不起失敗的打擊，往往在失敗中迷失自己。

　　在這種情況的影響下，3號孩子可能變得精神萎靡、消沉慵懶、做事沒幹勁，完全一副頹廢的模樣。如果無法調適這種心態，他的一生就可能會碌碌無為。此時父母們面臨的最大挑戰，就是如何教育孩子在失敗後仍有信心重新開始。正確的做法是和孩子一起分析失敗的原因，幫助孩子意識到哪些導致失敗的原因是自己可以改變的，哪些是改變不了的。

職場中勇於競爭的功利主義者

天生的領導者

　　3號性格者追求成功，是追求功名利祿的功利主義者，在他們看來，權力是實現成功的重要手段，也是成功的重要表現形式，因此，他們總是積極地追逐權力。

一般來說，3號的權威關係主要有以下特徵：

- 3號喜歡管理他人，是天生的領導者，他們的天性促使他們去占據控制者的地位。他們天生就有指揮欲和領導欲，因為他們認為，在領導地位上的他們更容易受到人們景仰。

- 3號隨時關注人們對成功者特徵的總結，並努力將自己塑造成人們眼中的成功者形象，從外表上取得人們的信服。

- 3號具有極強的感染力，他們正向樂觀的精神和勇敢打拚的鬥志會從好的方面帶動大家，發揮領導者的作用，不斷推動團隊向前發展。

- 3號在管理工作中表現出極強的組織能力和辦事能力，往往表現出眼觀四面耳聽八方的大將風範，懂得隨時調整目標。

- 他們知道如何發揮自己在社交方面的能力來揣摩和分析身邊的人（包括下屬、同事和其他部門的長官）關注的焦點或追求的目標，然後以他們出眾的口才利用對方內心的追求，來說服其幫助自己達成目標。

- 遇到問題時，3號會與多方交流，適時變通，盡快解決問題，並盡量避免同樣的問題再次發生。

- 3號佩服那些有能力、有勇氣的人，如果有人要挑戰高風險的工作，他們也會給予支持和鼓勵，消除對方緊張和害怕的情緒。

- 3號天生具有權威性，他們會在工作中自作主張，而把領導者晾在一邊，這種行為很可能會讓真正的領導人處於尷尬處境。

- 3號喜歡誇大自己的角色，或者把自己與他人的關係建立在純粹的工作基礎上，而不帶絲毫感情色彩。

第四章　3號實做者：效率與成功的化身

適合的環境

　　3號性格者獨特的性格特點，使得他們能良好適應某些環境：

　　3號性格者注重效率，因此他們適合有競爭、奮發進取、易得到成果、易表現自我價值的環境。在這樣的環境裡，3號因為感到競爭的壓力，會激發自身的潛力，全身心地投入其中，並努力使自己成為佼佼者甚至領導者。由此來看，那些步調快速、交易談判不斷取得進展、企業化、注重形象、具競爭性、結果可以量化、努力及成功會獲得獎勵的環境都會令3號喜歡。

　　3號在意成功，而且他們認為工作是獲得成功的重要方式，只要在工作上擁有出色的業績，就能獲得他人的鮮花、掌聲及讚許、羨慕的目光，從而給予3號成功的滿足感。而業務工作十分符合3號的這些要求，因此3號從事業務工作容易成功。

　　3號對環境具有很強的感知力，能輕易找出那些對自己有利的人或事，因此他們往往充滿彈性，擅長說服別人，在具有挑戰性和說服別人的工作中，尤其能發揮這種天賦才能，而演講、國際貿易、公關業務及廣告行業等領域能夠提供他們發揮這種天賦的空間，更容易促使他們成功。

不適合的環境

　　3號性格者獨特的性格特點，使其在一些環境中很難適應：

　　3號渴望成功，因此那些難以獲取名望、地位等成功因素的工作不適合3號；那些平靜、沒有生氣、不注重實做的企業也不被3號接受；那些損害3號渴望的成功者形象的工作也不是3的心之所趨；3號也不喜歡那

些需要透過不斷反省和嘗試才能完成的創造性工作；小說家、藝術家也不會是 3 號的選擇。而且，即便 3 號為生計所迫進入這些企業，也最終會因為發展受限而離開。

高效率的員工老闆愛

3 號注重效率，他們認為，速度重於一切。因此，3 號總是急急忙忙地忙碌著，他們的工作效率之高，往往令人望塵莫及：他們專注於手頭的任務，在工作領域格外投入而且精明敏捷，致力於完成工作所需的步驟，絕不拖泥帶水。總之，在 3 號的心目中只有一個目標，那就是成功，因此總是把事情表現得簡單、井然有序且直接，以便更快地獲得成功。

當 3 號成為領導者時，需要帶領團隊取得成功，他們就會要求團隊的每一個成員都能像他們一樣高效率工作，促使團隊更快地達到一個又一個目標。而且，他們往往只根據員工的成績來判斷員工的優劣，而很少去關注員工在過程中的經歷。在同等的時間裡，誰能越快完成任務，或是完成的任務越多，就越容易得到 3 號上司的賞識。

惡性競爭很可怕

3 號性格者具有極強的好勝心，他們喜歡和他人比較，並力求在這種比較中獲勝，同時處處表現出競爭性。因此，他們在工作與生活中，不僅歡迎競爭、參與競爭，勇於面對挑戰，也常常主動挑起競爭。

3 號過於在意目標，為了在競爭中獲勝，他們常常不擇手段，陷入惡性競爭。而且因為他們忽視個人情感，也就難以意識到這種惡性競爭對自己及他人所造成的感情傷害。因此，當他們的成功導致別人失敗時，他們

第四章　3號實做者：效率與成功的化身

會說：「我並沒有擊敗他的意圖。」在他們看來，這種競爭只不過是想爭一口氣、出人頭地，並不是為了擊敗對方，完全只是出於他們對事業的愛。

3號對競爭的這種不正確認知，往往會阻礙團隊的健康發展。因此，領導者在管理3號時，需要引導3號向良性競爭發展，多跟自己比，而不要和他人對抗，以免產生惡性競爭的差錯。

權威效應最管用

3號追求成功，不僅努力追求成功，更注重塑造自己的成功者形象，彰顯自己與眾不同的高品味，以此來吸引他人的關注，贏得他人的讚賞。從心理學的角度來說，3號可謂深諳權威效應：一個人要是地位高、有威信、受人敬重，那他的言行舉止就容易引起別人的重視，並讓他們相信其正確性，即「人微言輕，人貴言重」。

權威效應之所以如此普遍，首先是由於人們的「安全心理」，即人們總認為權威人物往往是正確的楷模，服從他們會使自己具備安全感，增加不會出錯的「保險係數」；其次是由於人們有「讚許心理」，即人們總認為權威人物的要求往往和社會規範一致，按照權威人物的要求去做，會得到各方面的讚許和獎勵。3號擅長利用權威效應來塑造自己的成功者形象。因此，業務員在向3號客戶推銷時，不妨投其所好，利用3號追求成功者形象的心理，將商品與3號的成就連繫起來，就能有效地打動3號客戶的心，促使成交。

愛情需要真摯的感情

事業第一，愛情第二

在親密關係中，如果 3 號認同一段親密關係，他們就會努力成為親密伴侶，但如果他們認同的是工作，他們肯定不會在家庭和愛情上花費太多時間和精力。

一般來說，3 號的親密關係主要有以下特徵：

- 3 號認為愛是一種成就，他們關心「我能擁有多少幸福」，深信幸福的生活能夠按照自己的方法一步一步經營出來。

- 3 號主張快樂、正向的愛情，否認愛情與痛苦之間的連結，相信自己可以掌握自身的愛情命運。

- 3 號不關心自己內在的本質，不了解自己和他人的感情，由於內在空空如也，他們害怕窺探自己真正的個性和內涵，也不願意接觸真實的親密關係，因為擔心別人會發現他們的空洞。

- 3 號忽視自己的感覺，如何不利用巧妙的設計，真實地反映對別人的感受和愛意，反而是一個讓他們困擾的難題。

- 3 號認為，愛就是一起做事、一起創造財富、一起快樂，愛不能壓倒一切，也不應該令人痛苦。

- 3 號是情場高手，他們擅長在伴侶面前扮演「完美情人」，他們懂得說溫柔體貼的情話，知道如何討好戀人，和怎樣表現得更具有外在的吸引力，但這都不是真正的 3 號。

第四章　3號實做者：效率與成功的化身

- 3號願意透過追求實質可見的成果來表達自己對家庭的熱愛、對親密關係的忠誠，為了實現他們心目中的完美家庭，他們會周詳地列出一整套計畫：如何教養孩子、提升家人的物質和精神生活水準、提升家庭的收入和幸福、為親愛的人謀求保障……

- 對於愛情，3號有驚人的克制力，他們能夠嚴格控制自己，不讓自己陷入任何感情的漩渦中。

- 即使戀愛關係剛開始，身為工作狂的3號仍然會不經意地忽略伴侶。

- 3號容易受限於自己完美無瑕的外表，以此自滿，進而允許自己固執己見，不聽善意的勸告，任憑自戀式的想像充斥腦海。

- 當愛情和事業發生衝突時，3號會毅然決然捨棄愛情，因為他們大多視感情為障礙物，懼怕它毀滅自己辛苦經營的形象，或為事業帶來麻煩，拖垮進度和既定計畫。

- 同理心不強，在對待感情偏向自我中心，會將自己的想像、情緒與現實情境混淆。

愛情世界裡的功利者

　　3號性格者追求成功，並能夠透過不斷的努力去追求成功，因此他們常常擁有一流的學歷、亮麗的外表、光鮮的衣著、瀟灑的風度，還有人人仰慕的社會地位……當這些優越的條件集於一身，他們就成為具有強大吸引力的「完美情人」。

　　為了維持並進一步滿足自己的優越感，3號也將愛情視為通向成功的方式之一。因此，3號特別看重伴侶的外貌、能力、成就、財富等是否符合社會所預期的理想標準，這些也是他們所列出的擇偶條件清單。能與優

秀人物並肩同行，他們便可吸引別人豔羨的目光，也會沾上成功人士的光彩。因為緊盯著一心要追求的對象，3號會漠視一些客觀觀點而千方百計地滿足其所願，為此他們可能並不介意捲入社會不容許的戀愛模式中，甘心成為別人親密關係中的第三者或已婚人士的祕密情人。

然而，戀愛畢竟是講究心靈契合的交流，而不是職場的廝殺，光是可以計量比較的客觀條件，並不會造就一段幸福的戀情，尤其是一位可以在下半生並肩同行的生命伴侶。

「完美情人」不完美

3號性格者具有極強的社交天分，這常常表現在他們「察言觀色」的能力上。他們非常懂得洞察對方在情感上的需求，但這種洞察往往只聚焦在對方渴望怎樣的行為表現上。

3號性格者總能夠在伴侶面前完美呈現出自己最好的形象（實際上是對方想要看到的形象），並以此來取悅對方及增加自己對伴侶的吸引力。也就是說，3號喜歡在伴侶的家人和朋友面前表現得非常尊重伴侶、寵愛伴侶、支持伴侶，努力向他人展現一種「好男人／溫柔賢惠的女人」的美好形象，在他人面前「秀」恩愛、「秀」幸福，這是3號人格特徵中注重形象以及渴望他人認可的本質所致。也就是說，3號人格認為自己的幸福本身也是展現自我價值的方式之一，也需要別人的鮮花掌聲。

然而，當3號在長時間扮演「完美情人」後，不僅不會真正成為完美情人，反而會因為外在行為與內在需求的衝突而崩潰，做出損人利己等極端行為來。而且，一旦伴侶和3號繼續深入接觸，就會逐漸發現3號真正的性格並非他所扮演地那麼完美，因而產生強大的失落感，感到自己被欺騙，便容易導致感情破裂。

第四章　3號實做者：效率與成功的化身

情感交流才能讓愛情更幸福

3號性格者不關注自己的情感世界，他們不敢面對自身性格中的缺點，只想向他人展現自己性格中的優點，努力維持在他人眼中的成功者形象。因此，他們的注意力更主要投向物質世界，不斷地工作以獲得更多的物質回報，並將物質作為向伴侶表達愛意的重要方式，通常認為給一個人良好的物質環境，就是在表達自己最真摯的愛意。

在這種思想的影響下，3號總給人不解風情的感覺，亦因此容易忽略伴侶的內心感受。他們總是以物質來滿足對方，給人一種一旦遇到感情問題，便會用物質上的表現（如購物、晚餐、送禮物）來逃避情感溝通的感覺。這也是3號「不願意認錯」的本質表現。同時，因為他們總是以迴避談論情感作為處理感情問題的方式，所以會因此令人認為其情感薄弱。

然而，物質過度富足，也會導致精神的空虛和恐慌，物質化迫使本真、夢想、性情幻滅，也就容易導致婚姻的毀滅。因此，3號只有多關注自己及伴侶的精神需求，彼此間多進行情感交流，才能有穩定而幸福的愛情。

好勝心過強的競爭者

簡潔扼要的溝通方式

3號性格者追求成功、注重效率，他們時常覺得「人生苦短」，只有把握時間努力工作，才能獲得自己想要的榮譽、聲望、金錢、地位等成功者的必備要素，因此他們總是急匆匆地走在前進的路上，很少會有停歇的時

間。為了保證自己的高效率，讓自己盡快達到成功的目標，他們習慣快速溝通和辦事的方式，喜歡直奔主題，絕不拖沓。

人們在與 3 號溝通交流時，要切中要害，直奔主題。要先了解對方最關心項目裡面的哪個部分，再重點分析，切忌什麼都說，太煩瑣會讓他們注意力分散。雖然在談話時，3 號有時候看起來挺有耐心的樣子，就算你說再多煩瑣的東西，他們看起來也專心致志，但那是為了給你面子並保持專業形象，他們的內心可能早就脫離你的話題了，所以跟 3 號談話要懂得掌握節奏和突顯重點。如果你還是怕他們了解得不夠全面而繼續講下去的話，也許他們就會開始變得煩躁，並可能對你發脾氣。

3號經常發出的4種訊號

3 號性格者常常以自己獨有的特點向周遭世界發出自己的 4 種訊號：

▌正面的訊號

無論是對待生活還是工作，3 號都秉持正向樂觀的態度，他們對未來充滿信心，認為「我們一定會成功」，因此努力工作，努力生活，並用自己正向樂觀的精神影響身邊的人，激發其他人的正面情緒，從而帶動一個團隊的發展。

▌負面的訊號

3 號總是將注意力集中在人與事的價值上，而且他們只關注那些對自身有價值的人與事，因此很容易忽略身邊的人的心理感受。也就是說，3 號經常為了工作而犧牲友情、愛情。

第四章　3號實做者：效率與成功的化身

▍混合的訊號

為了追逐成功，3號始終讓自己處於忙碌的狀態，因為他們害怕一旦自己停止忙碌，就會導致失敗，那是他們無法承受的結果。他們往往將物質和精神混為一談，狹隘地認為物質決定精神。在這種思想的誤導下，3號經常成為物質豐富、精神空虛的所謂成功者。

▍內在的訊號

3號注重目標，因此他們的眼裡經常只看到結果，而不注重過程中的細節，常常因細節導致失敗。

只合作，不競爭

3號性格者的好勝心和比較心理都特別強，事事都要求自己比他人優秀，事事都要求別人的認同和讚美，這也成為他們上進和追求成功的原動力。當他們看到別人成功時，第一個反應就是：「總有一天我會比你成功。」當他們面對和自己實力相當的人時，會不由自主地產生好勝心：「我一定要做得比你好，我一定要比你優秀。」

因此，當你遇到3號時，如果你喜歡他們，欣賞他們的勤奮和拚勁，不妨降低自己的競爭心理，盡量配合他們，幫助他們達成目標。而且，當你與他們站在同一陣線時，3號也樂於保護你，與你分享他們的成就。

多建議，少指責

在3號的眼裡，人只有兩種：有價值的人和沒有價值的人。為了追求成功，他們會主動接近那些對他們有價值的人，而自動忽略那些對他們沒

有價值的人。為了討好那些有價值的人,他們會努力將自己塑造成對方心目中的理想形象,從心理上強迫對方臣服自己,而為了保持這種優越感,他們常常會根據他人的想法來改變自己的形象。由此可知,當3號面對他人對自己的指責時,第一反應往往是:「哦,原來他心目中的成功者是那樣的,那好,我就變成那樣吧。」於是他們就會根據他人的觀點來迅速調整自己的形象,而不會去深思這些指責背後關於個人發展的重點。也就是說,指責只會使3號更加偽裝自己。

人們在面對強勢的3號時,不妨多建議,少指責,盡量在不破壞其優越感的情況下提出客觀意見,引導3號理解自己的內心世界,從而幫助他們獲得更大的成功,也容易為自己爭取到3號的保護和幫助。

滿足3號的優越感

3號性格者追求成功,他們喜歡在人前塑造一個極富吸引力的成功者形象,因此他們總在關注大眾對於成功這個概念的理解。如果人們覺得成功者是莊嚴肅穆的,男性3號就會喜歡以西裝加領帶的嚴肅形象出現;如果人們覺得成功者是時尚的,3號的形象中就會出現許多時下的流行元素;如果人們覺得成功者是有個性的,3號就會表現出特立獨行……總之,大眾認為成功者應該是什麼樣子的,3號就會展現出什麼樣子,從而彰顯自己成功者的身分,滿足自己的優越感。

由此可見,3號十分注重和他人的交流,並盡量從他人的資訊中挖掘出對自己有價值的東西。如果他們發現對方給予的資訊是客觀的,對他們有價值,就會深入接觸對方;如果他們發現對方給予的資訊多是主觀的,對他們毫無價值,或是嚴重地傷害到自身利益,他們就會選擇忽視對方,

第四章　3號實做者：效率與成功的化身

或是直接反抗對方。而且，因為3號是擅長交際的高手，往往有極強的影響力，所以他們很容易幫助一個人成功或是毀掉一個人的成功。也就是說，得罪3號不是一件好事。

給實做者的建議：享受過程，接納失敗

根據對3號性格者發展情況的分析，可以將其劃分為三種狀態：健康狀態、一般狀態、不健康狀態。在不同的狀態下，3號表現出不同的性格特徵。

相信自己

處於健康狀態的3號是內心平衡的人，他們有極強的自尊心和自信心，相信自己和自己的價值，並努力實現自己的價值。對應的是3號發展層級的第一、第二、第三層級。

處於第一層級的3號追求真誠，他們開始關注自己內心深處真摯的情感，也能顧及他人的心理感受，更客觀地看待自己追求成功的行為，認為自我的發展才是成功，而不再追求別人的肯定，也不會被想要受到別人讚賞、羨慕所刺激。

處於第二層級的3號追求自信，當他們遭遇健康問題或人生阻礙時，他們會放下以內心作為指標的行為模式，開始更為明顯地向自身之外尋求他人重視的東西。雖然他們仍是真誠的人，但已經開始從尊重自己的內心轉向尋找他人的認可。

處於第三層級的3號追求傑出，他們努力相信自己的價值，總希望擁

有良好的自我感覺，開始害怕他人會拒絕他們或對他們感到失望，因此他們必須做一些有建設性的事情來增強自己的自尊，投入大量的時間和精力來發展自己，把自己造就為傑出人物。

盲目追求成功

處於一般狀態下的 3 號是內心充滿不滿的人，他們開始過於關注自己的聲望和地位，狹隘地將它們視為成功的表現。對應的是 3 號發展層級的第四、第五、第六層級。

處於第四層級的 3 號開始表現出好勝心，他們漸漸希望自己與眾不同，認為只有獨特的自己才容易吸引他人的注意力，而要展示出自己的獨特，就必須要將自己和他人進行比較。

處於第五層級的 3 號變成了以貌取人的實用主義者，他們更注重塑造具有吸引力的外在形象，並以此來掩蓋內心的基本恐懼，隱藏他們真實的情感和自我表達。

處於第六層級的 3 號開始有自戀的傾向，他們總是認為自己很聰明、能幹、優秀、美好且成功，他們會用許多代表成功的詞來定義自己，並希望別人也能這樣看待。

恐懼失敗

處於不健康狀態的 3 號是個內心失衡的人，他們害怕被人看不起，因此喜歡不真誠地表現自己，扭曲所取得的實際成就，以吸引他人的注意。對應的是 3 號發展層級的第七、第八、第九層級。

處於第七層級的 3 號開始變得不誠實，他們固執地認為失敗是一件丟

第四章　3號實做者：效率與成功的化身

臉的事情，因此當他們無法以常規的方式取得成功時，就可能採取某些極端的方式，只要這些方式能幫助他們獲得成功，他們就不覺得有什麼不對。

到了第八層級，3號發現自我欺騙已不再能麻痺自己，不再能抑制他們心中對失敗日益強烈的恐懼感，而他們又不願向別人承認自身的失敗，他們只好動用非慣用手法——惡意欺騙來繼續偽裝成功者。

到了第九層級，3號已經陷入了嚴重病態，產生強烈的自卑心理，認為其他人都比自己優秀，又同時帶有強烈的好勝心，不希望別人比自己優秀。這兩種心理綜合的結果，就是使得他們對他人懷有瘋狂的怨恨心理，當他人在競爭中擊敗他們時，他們會進行更瘋狂的報復。

第五章
4號浪漫者：情感至上，重視美感

在九型人格中，4號是典型的浪漫者，他們是天生的藝術家。他們容易被真誠、美、不尋常及怪異的事物吸引，會揭開表面以尋找深層的意義，他們對關心的事物表現出無懈可擊的品味，他們任憑情感的好惡做決定，最好的事物總是最能輕易滿足他們。

第五章　4號浪漫者：情感至上，重視美感

自我感覺最重要

性格特徵：重視精神勝於物質

- 內向、被動、多愁善感、感情豐富、表現浪漫。
- 關注自己的感情世界，不斷追尋自我，探索心靈的意義，追求的目標是深入的感情而不是純粹的快樂。
- 重視精神勝於物質，凡事追求深層的意義。
- 受到生活中真實且激烈的事物深深吸引，比如生死、性愛、災難、遺棄等等。
- 帶有憂鬱感，被生命中的負面經歷所吸引，特別容易被人生哀愁、悲劇所觸動。
- 總覺得別人不理解自己，認為被他人誤解是一件特別痛苦的事。
- 對於他人對自己的態度很敏感，經常不被人理解，眼神經常略帶憂傷。
- 害怕被遺棄，內心總是潛藏著被遺棄的感覺。
- 能夠感同身受，對別人的痛苦具有深層且天生的同理心，會立刻拋開自己的煩惱，去支持和幫助深陷痛苦中的人。
- 依靠情緒、禮貌、華麗的外表和高雅的品味等外在表現，來支撐自己的自尊。
- 追尋真實，但總覺得現實不是真的，相信當個人被真愛包圍時，真正的自我將出現。

▶ 常說一些抽象、幻夢的比喻，讓別人聽不太懂其隱喻。
▶ 喜歡幻想，慣於從現實逃到自己的幻想中。
▶ 被遙不可及的事物深深吸引，把一個不存在的戀人理想化。
▶ 對已經擁有的，只看到缺點；對那些遙不可及的，卻能看到優點。這種關注點的變化，強化了被拋棄的感覺和缺失的感覺。
▶ 對人若即若離、捉摸不定、我行我素卻又依賴支持者。
▶ 一旦愛上一個人，會表現得特別纏綿熱烈，會刻意用各種方法引起伴侶的關心，或利用分分合合的手段，掌握關係中的主導權。
▶ 對不合自己心意的人，會表現出拒人於千里之外的態度，和不熟的人相處時，會表現得沉默和冷淡。
▶ 不願意接受「普通情感的平淡」，需要透過喪失、想像和戲劇性的行動來重新加強個人的情感。
▶ 擁有過人的創造力，希望創造出獨一無二、與眾不同的形象和作品，在個人生活及工作上喜歡用各種方式表達創意。
▶ 不開心時喜歡獨處，獨自承受寂寞和痛苦。

性格分支：有強烈的嫉妒心

4號性格者喜歡關注自己的感情世界，尤其喜歡關注自己的愛與失，這使得他們對情感中的快樂和悲傷有強烈的獨占心理 —— 嫉妒心。4號不斷產生的嫉妒心促使他們無止境地追求快樂。這種矛盾心理往往明顯表現在他們的情愛關係、人際關係及自我保護的方式上。

第五章　4號浪漫者：情感至上，重視美感

▌情愛關係：競爭

4號性格者喜歡顯示自己的獨特，他們希望自己在伴侶眼中是獨特的、不可取代的，這其實就是一種比較心理、好勝心的展現。在4號的戀愛關係中，常常會出現兩個女人爭奪一個男人，或者兩個男人追求一個女人的情況。競爭讓他們充滿能量和活力，並保證能讓他們遠離憂鬱和沮喪。

▌人際關係：羞愧

人際交往時，4號常常會遇到比自己優秀的人，這就激發了他們內心的缺失心理。他們只會關注別人具有而自己沒有的優點，這就容易使他們產生羞愧感，變得沒有自信，陷入深深的自責中，認為自己一無是處，隨時可能被拋棄。

▌自我保護：無畏

當4號感到自己沒有價值時，一方面會變得憂鬱，在希望和失望中不斷掙扎，一方面又會鋌而走險，努力展現自己的價值。這種類似在懸崖邊上跳舞的冒險生活反而會讓他們感到解脫，為平淡的人生注入意義和活力。嫉妒心也會在奢華的生活、有意義的對話和優雅的環境中消失殆盡。

正能量：靈感無限，富有創造力

亮點

▶ 富有同理心

▶ 極高的敏感度

> 正能量：靈感無限，富有創造力

- 甜蜜的憂鬱
- 痛苦的創造力
- 不斷湧現的靈感
- 唯美的品味
- 無止境地追求

對自己有利的做法

- 勇於面對自己的缺點，意識到每個人都有缺失，自己的缺點並沒有比其他人更多。
- 享受生活中的悲傷和痛苦，但更要享受生活中的樂觀和快樂。
- 看到他人的優點，也要看到自己的長處，更不要拿自己的短處去和別人的長處比較。
- 感到不快樂時，就多多健身運動，能夠幫助自己保持良好的心情。
- 把注意力放在眼前，當注意力轉移時，提醒自己。不要僅僅關注眼前的負面因素。
- 為自己能夠感知他人的痛苦感到驕傲，但是要學會自在掌握你的注意力。
- 當情感發生強烈的變化時，尤其是當你感到「一切又會變得很糟糕」時，要學會把注意力轉移到其他事物上，讓自己從這種深淵中解脫出來。
- 養成善始善終的習慣，把被破壞或者被遺棄的工作當成未完成的工作做完。

第五章　4號浪漫者：情感至上，重視美感

- ▶ 讓他人知道，過度親近會遭到你的攻擊，請他們不要誤會。告訴他人在你生氣的時候不要離去，這樣你就會確信，即便他們受到攻擊，也不會拋棄你。
- ▶ 培養多樣的興趣，結交各種朋友，把自己的注意力從憂鬱情緒中轉移出來。

負能量：常常深陷負面情緒

局限點

- ▶ 過於關注自己的內心
- ▶ 沉迷於自己的想像中
- ▶ 易受負面情緒影響
- ▶ 害怕被遺棄
- ▶ 容易質疑自己
- ▶ 活在自我封閉的世界裡
- ▶ 十分情緒化
- ▶ 有自我破壞、自我摧毀的行為

對自己不利的做法

- ▶ 在表達感情或為自己的立場辯護時，常常表現得很極端。
- ▶ 渴望奢華的生活，不屑於平淡的生活，對生活百般挑剔。

> 負能量：常常深陷負面情緒

- 厭煩平淡的普通情感，希望透過遺失、幻想或藝術來重新鞏固自己的情感。
- 不喜歡被分類，不喜歡別人把自己的問題視為普通問題，認為他人沒有理解情況的特殊性和嚴重性。
- 強烈地自我指責。對自己的形象產生錯誤的判斷，覺得毫無優點。總是覺得自己太胖，常常出現厭食或容易飢餓的症狀。
- 把自己和他人比較，嫉妒他人的優點，「她比我漂亮」、「他的衣服比我好」。
- 渴望得到幫助，但又認為別人難以理解自己的想法，從而產生「我走了，他們就知道我受的苦了」的自我毀滅心理。
- 總是帶著遺憾，常說「現在改變已經太晚了」或者「要是我選擇了不同的做法，那該多好呀」。
- 對擺在眼前的問題想盡各種解決方法，設想各種解決途徑，但就是不願意採取實質行動，推動事情發展。
- 希望得到解決問題的靈丹妙藥。在冥想的過程中，希望「被帶到其他地方」。
- 尋求他人的建議，然後拒絕採用。不願放棄受害者的形象。
- 當認為是別人的錯誤導致自己的痛苦時，就會懷恨在心，而且會言語尖銳，諷刺他人。

第五章　4號浪漫者：情感至上，重視美感

如何讓「浪漫」寶寶健康成長？

爲什麼他會懷疑父母？

在4號的眼裡，自己與父母的關係是若即若離的。他們總是覺得自己處在家庭的邊緣，覺得自己跟誰都不像，因此就容易產生恐慌和被拋棄的感覺。

4號對家庭中保護者和養育者的角色是不認同的，並且把這種不認同的感覺歸咎於自己，認為是自己有不對或不好的地方，家人才會忽略自己，而他們無論如何都沒辦法像其他小孩一樣自然地認同父母。4號自認為與父母的連繫不深，最主要的原因是他們覺得父母看不見自己的特質，並且他們往往也無法在父母身上找到自己想要認同的特質，因此很多4號在小時候產生過自己是被父母領養或者抱錯的孩子的想法。

要想使4號孩子健康快樂地成長，4號的父母就要在孩子面前扮演朋友知己的角色，多與孩子進行交流，尤其要注重心靈上的溝通和關懷，讓孩子感到你理解他、能了解他的感受。

開發孩子的右腦

4號大都感情豐富、思想浪漫且有創意，擁有敏銳的感覺和獨特的審美眼光，藝術特長是4號最大的潛能之處。4號是非常感性的人，他幾乎每分每秒都在用心感受一切，因此他們的情感更為細膩，更容易將外界的事物延展到大多數人看不到的層次，在這一過程中就充分展現出了他們的創作才能。

他們可以源源不斷地產生靈感,透過潛意識過濾新的經驗素材,創造出與眾不同的作品,具有極強的統合能力。在一般的健康狀態下,他們會具備強烈的直覺,幫助他們了解他人是如何思考、感受和看待世界,這種能力藉助潛意識來感知現實,是其他類型的性格者難以獲得的。

4號的右腦很發達,善於捕捉音韻、旋律及抽象符號,如果在成長期間有意識地注重右腦功能的開發和鍛鍊,無疑會對孩子今後的成長和個人發展有深遠的影響。

敏感孩子易受傷

4號孩子喜歡關注自己的內心世界,他們喜歡透過獨特的想像力、敏銳的感悟力,在對目標的追求中實現自我價值。他們有很高的敏感度,比他人的體會更深刻,感覺更敏銳,能夠輕易發現每一件事物內在的生命力。對於一件事,普通人可能毫無知覺,但4號卻能早早意識到它的不同之處。

這種敏銳的性格在為4號孩子帶來大量超前資訊的同時,也極大地影響了他們的情緒,導致他們很容易神經過敏,容易因感情用事而引起不必要的麻煩。因此,敏感的4號孩子易受外界影響,需要別人隨時給予肯定和關注,重視別人的看法超過對自己的認知,旁人一個不經意的眼神或一句不經意的玩笑,都可能使其受到傷害。因此,針對4號的這種敏感性格,父母需要尊重他們、理解他們,盡量客觀、正面地評價他們。

幫助孩子學會理性思考

4號有一種本能的比較心理,這種比較不一定是物質上的比較,也可能會以所得到的愛作比較,這在孩童時期和青少年時期表現得更為明顯。

第五章　4號浪漫者：情感至上，重視美感

　　4號孩子可能會拿父母對自己的愛與對弟弟、妹妹的愛進行比較，或是與同學玩伴從父母那裡所得到的愛進行孰多孰少的衡量。由於他們一貫的思考模式，他們比較的結果往往是他人擁有的比自己擁有的要更好、更多，並因而產生嫉妒的情緒。

　　當4號孩子產生嫉妒心，他們不會像某些類型的性格者那樣去中傷或是詆毀他人，如向老師或父母說他嫉妒對象的壞話。他們的做法是陷入更深的憂鬱中並難以自拔，因而更難合群，更加地疏遠外界，將自己與外界隔離。而4號的這種心理，別人很難明白，只會覺得他們很奇怪、很神祕，因此也就不願意和他們有過多接觸。

　　針對4號孩子的這種性格特徵，父母要避免孩子總是過分地只注意自己的感覺，要幫助他們學會理性思考，正確理解自己的嫉妒心理。父母要引導孩子鍛鍊理性的思考能力，可以根據日常生活情境順勢做一些練習，一方面可以發揮鍛鍊發展的作用，另一方面又能加深與孩子的情感交流溝通，可謂一舉兩得。

培養孩子的樂觀心態

　　4號孩子從很小的時候就表現出了敏感和愛幻想的傾向，他們的注意力總是集中在遠方，關注的也總是那些遺失的事物，會從對遺失物的關注中找出一些美好的感覺並深陷其中，這種運用自己的想像力去關注遺失的美好和眼前的缺陷的慣性，使他們對眼前現實的一切都毫無興趣。比較矛盾的是，雖然對美好的事物有敏銳直覺，但他們又覺得這些美好的事物總是與他們擦肩而過，因此常會感到格外失落。最後，4號便會發展出一種強烈渴求理想和完美的一切的心理，以及自己總是都得不到的落寞憂鬱感。

由此可知，4號孩子多是悲觀主義者。因此，父母要積極引導4號孩子的注意力往好的方面看，幫助他們正向樂觀地面對人生，才能讓4號孩子健康快樂地成長。

與生俱來的藝術家

規章制度的僭越者

4號性格者追求獨特，總是展現著自己的獨特，更希望自己的獨特得到大眾的認可和讚賞。許多時候，4號希望自己成為獨特方面的權威，而不是喜歡權威方面的獨特。

一般來說，4號的權威關係主要有以下特徵：

▶ 4號傾向於忽視那些小權威，比如警察、保全等等。
▶ 4號相當尊敬那些大權威，尤其是如果這些權威人物符合4號心中的獨特性和菁英形象的話，比如市長、著名畫家、著名鋼琴家等等。
▶ 他們追求獨特，並努力與工作領域中最出色的人結為同盟。
▶ 4號不喜歡遵從規章制度，認為自己是獨特的，因此不應受到那些普通的規章制度束縛，所以他們常常表現出較強的叛逆性。但他們這樣做並不是有意要顛覆權威，而是完全忘記了要認真對待規章制度。
▶ 如果違背權威將受到懲罰，4號會在破壞所有規矩後，想方設法溜之大吉，享受這種「僥倖逃脫」的感覺。
▶ 4號希望因為自己的獨特能力而被選中，希望從最優秀的人那裡獲得教導和支持。

第五章　4號浪漫者：情感至上，重視美感

▶ 4號對美有敏銳的洞察力，他們能夠察覺到他人身上真正的天賦和感情，能一眼看穿模仿或虛假的表現。
▶ 為了獲得大權威人物的賞識，4號會和同事們競爭。如果沒有被認可，他們會懷恨在心。
▶ 他們不願做毫無新意的工作，也不願在沒有創意的環境下工作，除非這樣的工作能夠幫他們實現真正的理想。

適合的環境

4號性格者獨特的性格特點，使得他們能良好適應某些環境：

4號追求獨特，具有敏銳的直覺和擴散性思考，因此他們擅長提供個性化意見或開發特別的產品。因此，他們適合那些能夠容許大量創意自由發揮和突出個人風格的工作，比如畫家、室內裝潢設計師、古董商等等。

4號注重情感，追求感官上的享受，他們是天生的藝術家，因此喜歡那些能夠呈現感官美感的工作，比如舞蹈演員、民謠歌手、雜誌模特兒等。

4號喜歡深入探索內心世界，尋找內心的高層次境界，因此，他們總是對宗教、儀式和藝術充滿興趣，通常還精通玄學，能夠成為思想深邃的哲學家，也可以成為悲傷心理諮商師、女權主義者和動物權利保護者。

不適合的環境

4號性格者獨特的性格特點，使其在一些環境中很難適應：

4號無法忍受平庸的生活，因此他們排斥那些無法展現他們才華、刻板枯燥的工作，比如打字員、文書人員、校對人員等等。總之，普通而沉

悶的辦公室不會是4號理想的工作環境。

4號具有較強的比較心理，又容易因比較而看到別人的長處，從而產生傷感情緒，因此他們並不適合從事直接服務那些比他們更富有、更有才華的人的工作。

正確應對上司的情緒化

4號性格者十分敏感，外界的任何細微的變化都可能對他們的情緒造成極大的影響，導致他們時悲時喜，在情感方面總是反覆無常。他們被遙不可及或者具有殺傷力的人所吸引，這種脫離現實的幻想常常使得他們的內在情緒會戲劇性地爆發，甚至可能出現自殺的幻想。簡而言之，當你面對這樣的4號上司時，常常會受到他們負面情緒的影響，變得消極且沒有工作效率，在相當程度上阻礙了自我的發展。

在工作中，4號上司也是如此，不停地受外界影響，不停地改變自己的決策，容易情緒消沉。他們這種反覆無常的行為常常對員工的工作造成極大的困擾，浪費大量人力資源、物力資源。

人們在面對4號上司時，不要追求「有令即行，有禁則止」，而要放緩執行命令的腳步，這樣才能跟上4號上司的「步伐」，也不至於使自己做無用功。但是，對於4號上司的命令，人們也不能直接拒絕，而要採取這樣的步驟：立即答應，延緩行動，即將行動前再請示一下。也就是說，當人們接到4號上司的命令時，嘴上雖然答應，但並不行動，而是靜靜觀察一段時間，如果沒有變化，則要再請示4號上司一次，說不定這個時候他已經改變主意了。總之，無論4號上司有多麼情緒化，只要你能夠出色地完成工作任務，就能贏得他的好感和信任。

第五章　4號浪漫者：情感至上，重視美感

化員工的痛苦為動力

4號性格者喜歡關注性格中的黑暗面，因此他們常常將自己置於痛苦的心境，去感受悲傷、絕望等負面情緒所帶來的痛苦，而且他們非但不覺得這是一種痛苦，反而認為這是一種藝術，是美的表現。

他們的生活中，既有藝術的表達，又有為維持自身唯美形象而忍受的痛苦。他們在痛苦中創造，就好像一個藝術家寧可在閣樓裡挨餓，也不願靠出售自己的作品來換取舒適的生活。對藝術的追求和現實的痛苦常常交織在一起，因為痛苦能讓他們感悟到生命的本質，能引發他們內心的張力，而藝術創作則把這種感悟表現出來，使之具有意義。

因此，當領導者發現4號員工正處於痛苦的心理狀態時，需要細心分辨他們對痛苦的認知：他們以痛苦為苦，還是以痛苦為樂。如果領導者發現4號員工以痛苦為苦，則要盡量幫助他們走出心理陰影，尋找正向的生活理念。相反地，如果領導者發現4號員工以痛苦為樂，就不要干涉他們，以免阻礙了4號創作力的迸發。

用「稀有」商品贏得客戶

4號追求獨特，獨特感通常能讓他們感到受關注、被關愛。而且，他們認為世界上所有「重要」、「完美」和「獨特」的人和事，包括愛、幸福和快樂的感受，都只會與自己擦身而過，這就是他們的悲觀情緒。但是，他們又相信，自己終會得到這些「重要」、「完美」和「獨特」的人和事，知道他們非常特別、難能可貴，不是那麼容易遇到的。一旦他們發現特別的人或事，就會想盡辦法去接近他們，以免錯失走向快樂的機會。

要想贏得 4 號客戶的關注，業務員應該著重突顯商品的獨特性，利用「物以稀為貴」的市場規律，竭力突出商品的「稀有性」，往往能取得不錯的效果。

別讓悲觀情緒傷害伴侶感受

藝術者的愛情世界

在 4 號的親密關係中，4 號豐富的想像力和藝術性情感表達方式能夠使他們的愛情保持熱情，但 4 號強烈的缺失感常常使他們產生嚴重的自卑、悲觀情緒，疑心較重，容易傷害伴侶的感情。

一般來說，4 號的親密關係主要有以下特徵：

▶ 用藝術的眼睛看世界，認為一切都是演繹，心情、態度、品味都是情感關係的布景。

▶ 有極強的缺失感，常常將注意力集中在那些別人有但自己欠缺的事物上，並因此自怨自艾。

▶ 為自己的缺失而痛苦，認為自己不完美，所以不配被愛，也常暗自做好被拋棄的心理準備。

▶ 眼前是不真實的，遙遠且不能得到的人反而最有吸引力。

▶ 關注未來，把大量的注意力放在等待愛人出現的準備工作上。

▶ 忽略當下的生活，不關注身邊的人或事。

▶ 厭倦日常生活的乏味，喜歡透過戲劇性的行為，甚至破壞性的行為來增強情感關係的激烈度。

第五章　4號浪漫者：情感至上，重視美感

▶ 期望複雜的情感關係。
▶ 喜歡享受追求的過程，而不是快樂，這是一種精緻的、苦樂參半的情感體驗，是一種憂鬱的心情。
▶ 追求激烈的愛情，認為只有激烈的愛情才是真正的愛情。
▶ 喜歡製造多層次、多階段的愛情，不容易愛上一個人，也不容易放棄一個人。
▶ 沒有安全感，不敢許下長久的承諾，但卻極端需要被保護、被愛惜。可是當伴侶想許下諾言時，他們便會避開，不敢接受。
▶ 對情感關係的關注總是忽冷忽熱：當你在他們眼前時，他們只會看到你的缺點；當你與他們保持安全距離時，他們又會發現你的優點。
▶ 用獨特的外表來彌補內心的缺失感，用藝術的表達來壓抑內在的情感。
▶ 如果目前的關係在別人眼中是完美無缺的，他們便會傾向懷念逝去的戀情。

別對伴侶太挑剔

　　4號性格者總是有強烈的缺失感，因此他們骨子裡總是透著孤獨、淒涼的氛圍。他們喜歡陰鬱的天氣和憂鬱的感覺，喜歡格調憂鬱、淒涼的詩詞。比如，他們就特別喜歡李清照的詞：尋尋覓覓，冷冷清清，悽悽慘慘戚戚。乍暖還寒時候，最難將息。三杯兩盞淡酒，怎敵他晚來風急。正是因為這種悲涼情緒，使4號更加自卑，總是害怕被拋棄，因此他們看待伴侶的眼光總是呈現負面色彩。

別讓悲觀情緒傷害伴侶感受

一旦他們負面地看待伴侶，就越感到不安，覺得自己隨時都會被伴侶拋棄，因此變得苛刻，處處挑剔伴侶的行為。然而，挑剔你的伴侶只會讓你對自己的生活也產生懷疑，改變你對伴侶的負面看法會讓你體會到婚姻的美好。

神祕才是美

4號性格者喜歡在自己和戀人之間製造若即若離的距離感，以保持自己在伴侶心目中的神祕感和美感。他們對於愛情往往有這樣的念頭：「因為愛你，我必須離開你。當離開你後，我才發現有多愛你。」

4號總是將自己及伴侶置於永無止境的「推──拉」遊戲中。當他們感到過度親密會危害到戀情時，比如朝夕相對令雙方的缺點無所遁形時，他們會將伴侶推開，讓自己有足夠的空間來重新浮想你的優點。在確認真的愛伴侶後，他們會在伴侶決意離開前，用盡一切方法說服伴侶回來。可是當伴侶希望兩人關係穩定下來時，他們又會再次退縮，不會做出具體的承諾。在伴侶為他們的冷漠失望時，他們又會重新施展吸引伴侶回來的伎倆。總之，4號就是喜歡在愛情中製造若即若離的感覺，他們稱這種戀愛模式為「吸引──拒絕──吸引──拒絕」，如此不斷循環。如果他們能夠避免自己陷入悲情主義的漩渦之中，就能憑藉自身的神祕感贏得長久而幸福的愛情。

平平淡淡才會久

4號性格者追求獨特、浪漫、刺激的愛情，他們不能容忍欠缺「味道」的愛情，因此他們常常幻想在平淡如水的尋常生活裡，會發生一些可以刺

第五章　4號浪漫者：情感至上，重視美感

激神經的不幸事故，諸如死亡、別離、災禍、第三者等。有時亦會無緣無故假想自己被遺棄，需要孤身一人面對冷酷的世界，由此來確認伴侶的重要性，說服自己要安於當下的關係。在他們看來，只有激烈的愛情才是真正的愛情。

但是，大多數人的愛情終究是平淡的，如果4號一味地追求愛情的刺激感，在自己和伴侶間不斷製造衝突、痛苦，常常無法發揮增進彼此感情的效果，反而可能導致雙方感情破裂。因此，4號需要接受愛情中平凡的幸福，才能獲得更長久的愛情。

沉浸在憂鬱中的人

跟著感覺走

在人際交往中，4號更關注自己的需求，他們以自己的情緒為主導，依循自己的感覺來說話，而不會考慮環境、傾聽者的性格等現實要素，因此常常令傾聽者困惑，鬧出「牛頭不對馬嘴」的笑話來。

一旦4號因為過於表達自我情緒而使人際關係陷入僵局，受到人們的嘲笑和抱怨，他們便會覺得自己的獨特不被理解，感到很受傷，他們會選擇保持沉默，不再與人進行交流，以避免類似的傷害。因為4號認為，言語很蒼白，他們希望別人能夠不靠言語就讀懂他們。這樣才有意思，如果什麼都說出來，那就沒意思了。所以，4號時常推崇潛意識的溝通方式。但大多數人難以理解4號的這種溝通方式。因此，4號常常被迫封閉自己。長久下來，他們就容易陷入憂鬱症的漩渦中。

人們在和 4 號溝通時，也需要理解 4 號的感性溝通方式，重視 4 號的感覺，並要根據 4 號的感受做出相應的回應，以便給予 4 號被關注的感覺，並幫助他們抒發情緒，走出情緒谷底。

4號經常發出的4種訊號

4 號性格者常常以自己獨有的特點向周遭世界發出自己的 4 種訊號：

正面的訊號

4 號是天生的藝術家，他們把自己的生活視為一種藝術，他們透過藝術的手法來表現生活。而藝術是需要熱情的，因此他們不斷發掘自己內心深處的感知，追求使靈感不斷湧現，也更容易找到自己的本質。而且，他們也會要求身邊的人關注自身的感覺。

負面的訊號

4 號關注情感的黑暗面，常常讓自己沉浸於憂鬱情緒中，這時他們的態度就容易忽冷忽熱，他們的諷刺、拒絕會讓對方受到傷害。

混合的訊號

4 號因為同時關注情感的光明面和黑暗面，因此他們常常產生矛盾的情感：愛與恨可以同時出現。當這種情況發生時，4 號會變得難以捉摸，容易讓對方接收到混合的訊號，並時常破壞彼此的親密感和信任感。

內在的訊號

4 號內心懷有強烈的缺失感，因此他們總是渴望獲得他們失去的東西，嫉妒由此而生。他們永遠都在關注他人的快樂，而看不到自己的快

樂，因此他們總是不滿足，這種不滿足感就會迫使他們盲目追求不適合自己的東西。

憂鬱也是魅力

4號喜歡感受生活中悲傷的一面，他們並不將憂鬱看作痛苦，而是認為憂鬱是生活中的調劑品，憂鬱的感覺具有不可抗拒的魅力。因此他們從不迴避憂鬱或黯淡的情感，而是將其視為自然的心理狀態，坦然地接受和理解。

對於4號來說，憂鬱感來自童年的缺失，是一種不幸的憂鬱。這種感覺讓他們相信，自己始終處於苦樂參半的狀態之中，他們所追求的，是他們所得不到的。4號性格者說，與普通人所說的快樂相比，他們更願意感受這種強烈的憂鬱。這種傷心的感覺能夠喚起他們的想像力，讓他們覺得和遠方的某種事物建立了連繫。對於感到被拋棄的4號來說，憂鬱是一種情緒，這種情緒能夠讓他們的生活得到昇華，讓他們感受到情感的細微變化。

其實，人人都會憂鬱，憂鬱是人生中不可或缺的修行，是自我發展中必須經歷的階段，那麼我們就應該理解4號的憂鬱，並像他們一樣學著體會憂鬱，進一步體會性格中那些黯淡悲傷的情緒，從而更客觀、全面地理解自己，找到自己發展的道路。

珍惜當下，回歸現實

4號內心有強烈的缺失感，因此他們總是將注意力放在自己所缺失的部分上，總在尋找能夠彌補自身缺失的美好事物。然而，現實往往不如人

意，當4號在現實生活中找不到自己想要的美好事物時，內心的負面情緒就被激發，他們開始變得消沉，直至憂鬱狀態。這時他們就會將注意力完全沉浸在自己的想像中，因為在想像中他們能夠得到那些美好，他們的缺失也會得到補足。此時，他們就忘卻了他們所處的現實生活。

然而，想像終究不能替代現實，現實生活中的問題終究要在現實生活中解決，4號必須回到現實生活中，找到實際可行的解決辦法，他的痛苦才會消失。因此人們在與4號溝通時，需要留心幫助4號明白，只有珍惜當下，才能真正體會生活的快樂。

給浪漫者的建議：相信生活的希望及美好

根據對4號性格者發展情況的分析，可以將其劃分為三種狀態：健康狀態、一般狀態、不健康狀態。在不同的狀態下，4號表現出不同的性格特徵。

探索情感世界，激發創造力

處於健康狀態的4號是內心平衡的人，他們喜歡自省，善於表達自己的情感，能夠透過探索感情世界來引發創造力。對應的是4號發展層級的第一、第二、第三層級。

第一層級：靈感

處於第一層級的4號是富有靈感的創造者，他們最能從自身潛意識中找到動力，激發自己的創造潛力。隨著不斷湧現的靈感，他們往往能創造出新鮮獨特的產品。

第五章　4號浪漫者：情感至上，重視美感

▍第二層級：自省

處於第二層級的4號天生有自省的意識，他們能夠在探索自己內心情感的過程中隨時保持清醒，將現實與想像區分開來，但又將兩者融合在一起，創造出新奇的事物。

▍第三層級：坦誠

處於第三層級的4號十分擅長表達自己的感受，在所有人格類型中，這種類型是最直接、最坦誠地向別人袒露自己最私密的部分。他們不會幫自己戴上面具，也不會隱藏自己的懷疑和軟弱，不管其情感或衝動是多麼不體面，他們也不會欺騙自己。

陷入自怨自艾的悲觀情緒中

處於一般狀態的4號是個內心充滿不滿的人，他們會因為過度關注自身情感而忽視與他人的交流，容易陷入自怨自艾的悲觀情緒中。對應的是4號發展層級的第四、第五、第六層級。

▍第四層級：唯美主義

處於第四層級的4號有豐富的想像力，並有獨特的審美意識，能夠將自己的想像與現實很好地融合起來，創造出獨特的美感。

▍第五層級：浪漫幻想

處於第五層級的4號在偏離現實的道路上更進一步，他們更加重視想像力的美化作用，也越來越沉迷於醞釀有關自身與他人的情緒和浪漫幻想，此層級已經開始出現唯心主義的傾向。

第六層級：自我放縱

處於第六層級的 4 號開始有自我放縱的傾向，當遭遇現實生活中的痛苦時，他們不僅不會主動尋找解決的方法，反而會退縮到自己營造的那個想像世界裡尋求心理慰藉，儘管這種心理慰藉只是暫時的。

精神嚴重憂鬱

處在不健康狀態中的 4 號是個內心失衡的人，他們的想法越來越脫離現實，他們甚至不允許自己的生活中存在任何與自己的幻想不符的人或者事物。對應的是 4 號發展層級的第七、第八、第九層級。

第七層級：憂鬱

處於第七層級的 4 號因為長期自我疏離而開始產生憂鬱症的症狀，他們性格中的悲觀情緒開始被放大，並感到自己的價值在逐漸喪失，這讓他們產生了莫大的恐慌感，而這種恐慌感則進一步加重了他們的憂鬱心理。

第八層級：自責

處於第八層級的 4 號憂鬱症狀越來越嚴重，他們開始害怕會因為自己的憂鬱及能力盡失而步入滅亡。因此，他們對自己的失望最終轉化為消磨生命的自我憎恨，從而期望透過對自己進行精神折磨來拯救自己。

第九層級：自我毀滅

處於第九層級的 4 號已經完全喪失了生活的信心，他們開始用各種方式來毀滅自己。對於他們來說，死亡並不是痛苦，而是最好的解脫。

第五章　4號浪漫者：情感至上，重視美感

第六章
5號沉思者：孤獨中的追尋者

　　5號性格者十分注重他們的內心世界，他們希望自己成為一個沉思者。他們喜歡安靜，性格獨立，注重自己的私人空間，喜歡獨處。

第六章　5號沉思者：孤獨中的追尋者

喜愛獨處，追求寧靜

性格特徵：自我封閉，離群索居

- 安靜、不喜言辭、欠缺活力、反應緩慢。
- 百分百用腦行事，刻意表現深度。
- 注重個人的私密性，不喜歡他人窺探自己的隱私，當感到威脅時，會選擇撤退或繫緊安全帶。
- 當別人企圖控制他們的生活時，會很憤怒。
- 害怕與人相處，不喜歡娛樂活動，寧可埋首工作及書堆，那樣會感覺比較安全。在人際關係上顯得比較木訥和保持理性的狀態。
- 社交活動大都是被動的，總是由別人主動。
- 重視精神享受，不重視物質享受。
- 認為世界是理性的，害怕用心去感覺。
- 希望能夠預測到將要發生的事情。
- 是一個理解力強、注重分析、好奇心強、有洞察力的人。
- 習慣情感延遲，在他人面前壓抑感覺，等到自己一個人的時候，才表露情感。
- 無法區別在精神上不依賴與拒絕痛苦的情感封閉，是沒有悟道的佛。
- 過度強調自我控制，把注意力從感覺上挪開。「戲劇是給那些普通人看的。」
- 把生活劃分成不同的區塊。把不同的事情放在不同的盒子裡，給每個

盒子一個時間限制。
- 對那些解釋人類行為的特殊知識和分析系統感興趣。
- 喜歡從旁觀者的角度來關注自己和自己的生活，這將導致與自己生活中的事件和情感產生鴻溝。
- 喜歡獨自一人工作，相信自己的能力，也很少尋求他人的意見和協助。
- 雖然有時會退縮且不願意支持別人，但在別人要求時，會幫別人仔細分析，且條理分明。
- 貪求或累積時間、空間與知識，對時間及金錢很吝嗇。
- 關注探究，以思考代替行動，基本生活技能較弱。
- 自我滿足和簡單化。

性格分支：既注重獨立，又十分貪婪

5號性格者注重個人隱私與獨立，為了保護自己的私人空間不受打擾，他們喜歡獨處，很少外出，只與外界保持有限的連繫。但當5號必須要從外界獲得某樣東西時，他們又變得極其貪婪，而這種貪婪將影響5號對情愛關係、人際關係和自我保護的態度。

情愛關係：私密

大多數時候，5號為了保守祕密，寧願忍受分離的痛苦。因為長時間忍受寂寞，使得他們內心極度渴望那些短暫、激烈而極具意義的相遇，他們渴望尋找到知己：那些極少數能夠分享其祕密的人。由此可見，5號喜歡的是私人顧問、個人空間、祕密愛情。

第六章　5號沉思者：孤獨中的追尋者

▌人際關係：圖騰

5號性格者希望與具有共同特徵的人保持連繫，這種共同特徵就像一個部落中共同信奉圖騰一樣，他們希望為這個圈子裡的人提供建議，也希望從中獲得建議。這種對圖騰的信奉也可以發展成對特定知識的探尋，比如對科學公式或其他深奧理論的研究。

▌自我保護：城堡

5號十分注重自己的隱私，他們渴望建立一個私密的空間，能在此休息、思考。為了維持這個獨立空間，5號會收集所有他們需要的東西來確保他們的自由，並盡量克制自己的欲望，過節儉的生活。

正能量：分析力強，感知敏銳

亮點

- ▶ 精神重於物質
- ▶ 敏銳的知覺力
- ▶ 極強的專注力
- ▶ 極強的分析力
- ▶ 理性，克制自己的感情
- ▶ 以事實為指標
- ▶ 善於做準備工作
- ▶ 擅長規劃

▶ 善於學習

對自己有利的做法

▶ 意識到自己總是離不開三個 S 的陪伴：祕密（secret）、優越（superior）和分離（separate）。

▶ 當他人期待自己回應時，不要有刻意保留的欲望，而要大膽回應對方。

▶ 學會容忍自己的感情，而不是逃避自己的感情，多用言語、表情和肢體動作去表達自己內心的真實感受，不要總是憋在心裡。

▶ 不要讓情感被理性分析所取代，不要讓精神建構替代了真實經驗。

▶ 意識到接觸情感並不等於受到傷害，試著去接觸身邊的人和事，做個參與者有時候比做個旁觀者更有趣。

▶ 願意當場表達自己的情感，可以透過完形心理學、身體練習或者藝術工作來表現。

▶ 與他人在一起時，有意識地認知自己能感受到什麼，把這種感受與自己獨處時的感受進行對比，找出兩種感受的差異。

▶ 與人交往時，要勇於大膽釋放自己的情感，而不要留到獨處時再去回味。

▶ 學會容忍他人的需求和情感。

▶ 追求知識的同時，也不忘關注現實生活中的經驗與體會，保持兩者的平衡。

▶ 學會接受突發狀況，學會去冒險、去求助、去讓掩蓋的夢想變成現實。

▶ 對最簡單的物質生活提出質疑。

第六章　5號沉思者：孤獨中的追尋者

- 學會從自己的特殊研究中受益。
- 學會堅持完成重要的項目，並且把它們公之於眾，讓自己的成果被他人看見。

負能量：行動力不足

局限點

- 過於看重知識
- 行動力較弱
- 思考過度
- 抽離自己
- 忽略感覺
- 害怕衝突
- 吝嗇
- 貪婪

對自己不利的做法

- 讓自己離開身體，退縮到內心裡。
- 喜歡一切私人事物，無論是痛苦還是歡樂，都不願意與他人分享。
- 不願意表達自己的情感，在與人交往時常常把暴露自我的話從對話中過濾掉。

▶ 相信自己高人一等，不受感情控制。

▶ 害怕欲望而麻痺自己。讓自己無法走出去，也無法退回來。

▶ 希望保存時間和精力，總是在節省，而不是在付出。

▶ 不願給予他人幫助，這樣會讓他們感覺被他人的需求所利用。

▶ 過於追求獨立導致自負，不願依賴他人。

▶ 不願意做出承諾。

▶ 幻想不切實際的生活，而不願意面對現實，更不願行動。

▶ 幻想天上掉餡餅，可以不費力氣就得到認可。

▶ 拒絕愛情，認為戀愛就代表著被傷害。

▶ 無法區分什麼是精神上的捨棄，什麼是對情感痛苦的逃避。

如何讓「沉思」寶寶健康成長？

有些孤獨的童年生活

5號最怕的是自己無助、無知、無能，他們希望自己是既有知識又能幹的人。他們有很強的求知欲，而且在追尋知識的過程中，表現得非常獨立，不喜歡被人干涉。對於周遭一切不了解的事物，他們會主動去收集資料，然後集中所有資料做進一步的分析和了解。在他們的眼裡，不了解的事會令自己感到十分不安全，所以5號終生的奮鬥目標就是獲得更多的知識，令自己對每件事都能瞭若指掌，以備在面對時知道如何反應。但是，當5號完成資料的收集後，往往會因為不知道事實與資料間到底有多少差

第六章　5號沉思者：孤獨中的追尋者

距而不敢貿然行動，他們會進一步去尋求更多的資料來核對現有的資料，經過一番縝密的求證之後再採取行動。所以 5 號做事總是慢吞吞的，但做事的結果，大多時候還是令人十分滿意的。

要想解除 5 號孩子的心理負擔，家長就得讓孩子有這種意識——世上的無形資源是取之不盡、用之不竭的，你若能回歸到人群中用心生活並多與他人接觸，就能帶給自己更多資產。由於 5 號孩子通常是比較沉靜、獨立且不善交際，所以家長應給予他們獨立的空間去思考和處理自己的問題，尊重他們的決定，不要強行為他們做主。此外，在關注和提升孩子思考能力的同時，還應善用一些靈活的方法來激勵他們多多行動。

激發孩子的求知欲

5 號的孩子是不倦的學習者和實驗者，特別是在專業或技術類的事情上。他們喜歡詳細了解，樂意跟隨求知欲投注時間去研究他們想要理解的知識。他們對深奧的科學，尤其是能夠解釋人類行為的系統性知識特別感興趣，而且能夠對事物進行高度分析，具有很強的邏輯思考能力和挖掘真相的潛能。他們的終極理想就是從思想中找出宇宙一切的脈絡，然後分析出非常有價值並幫助社會進步的概念，以卓越的辨析力和洞察力，讓每個人都能步入最完美的軌道。

他們很少去關心財富和物質享受，在他們看來金錢的唯一好處就是能夠讓自己不受干擾，能夠讓自己有更多時間學習和追求他們感興趣的領域。他們不會把自己有限的精力花在追求世俗物質上，而會把時間和精力全部投入到精神學習和追求中。如果提供他們一個相對自由寬鬆的學習研究環境，不用時間或其他事情去限制、干擾他們，那麼 5 號就能展現出驚人的思考潛力。

給孩子充分的個人空間

5號隨時充滿保衛自身領域不被侵入的警覺性，對父母也是如此，他們心裡所嚮往的與父母家人的理想關係是——互不要求，互不干涉。他們希望父母不要對他們有什麼要求，因為他們自己也不會對父母有什麼要求，大部分時間都是一個人靜靜地做自己的事情。

基於5號孩子的這種特點，很多5號的家長都曾擔心過孩子會不會患有某種社交障礙。其實不然，雖然5號更喜歡獨處，但如果仔細觀察他們，不難發現孩子雖然在外人面前很害羞，但是在自己的世界裡還是很快樂。他們會對諸如閱讀、演奏樂器、做小型生物實驗等心智活動或可以發揮想像力的事物特別感興趣，能自己一個人玩得樂不思蜀。所以，5號的家長應扮演孩子背後「默默無聞」的支持者，即平時少干涉他們的活動，給他們充分自由的個人空間；當他們自我懷疑、缺乏自信或是感到困惑時，適時給予溫和的支持和幫助，這會令他們覺得和你相處很舒服。如果你能扮演好你的角色，那麼孩子就會漸漸接受你，不再認為你是一個入侵者，這樣他們就能變得溫和開朗起來，這無疑有利於他們的自我發展。

幫孩子走出自己的小天地

5號在九型中很明顯，他們一貫給人的印象就是冷漠和被動，對外界長期保持著不干涉、不參與、不接觸的狀態。喜歡獨自一個人工作，沉浸在自己的世界裡，獨來獨往，朋友很少，喜歡思考很多問題但很少與人討論。這一切行為都源於他們的價值觀——知識等無形資源高於一切。

5號孩子最害怕的就是自己的資源被耗盡，所以他們一方面吝嗇自己所有的知識、時間、空間與身體能量等資源，另一方面也在貪婪地不斷汲

第六章　5號沉思者：孤獨中的追尋者

取外界的這些資源。只有當眾多資源圍繞在他的身邊，並且確定沒有向外流出時，5號才會覺得安全。否則，5號就可能會變得有些憤世嫉俗，對人產生更激烈的排斥或敵對的態度，更容易自我孤立。因此，父母要幫助5號孩子放下思慮，走出個人的小世界，融入生活這個大世界中，更常與他們的朋友、同學交流，才能獲得更多知識、看得更遠，更容易成為快樂的觀察家。

讓孩子知道外面的世界更精采

　　5號的慣性情緒就是貪婪，但5號的貪婪不同於傳統意義上的貪婪。5號所貪婪的，是與他們眼中的資源有關的事物，例如知識、空間等。5號對於這些事物總是抱持著多多益善的態度，因此他們會努力去爭取獲得和保存這些資源。對於5號來說，資源就代表著安全，代表著自我價值的展現，代表著活著的意義。5號對於獲取這些資源的的觀念，可以說是極度貪婪的，而這也容易令他們長期處於緊張脫節的狀態中。在5號慣於貪婪的背後，其實還潛藏著優越感，他們往往認為自己比那些追求認可和成功的人更優越。

　　為了避免5號孩子在貪婪的心理中越陷越深，父母要幫助5號孩子開始留意他人的世界，真心地關注他人，重視培養分享的習慣，引導他們將自身優異的理解能力運用到人際關係上，試著從別人的立場去理解他人，這可以讓孩子能夠更融洽地和周遭的人接觸。家長要以身作則，讓孩子看到，與外界的互動和交流，會讓自己得到更多東西。

逃避交際的工作者

一個不希望成為老闆的人

5號對權威沒有太強的掌控欲，有時候甚至會逃避權威，因為他們注重個人隱私，不喜歡與人接觸，不喜歡處理人際關係，更討厭把自己的時間和精力花在處理他人的問題上。

一般來說，5號的權威關係主要有以下特徵：

▶ 5號性格者大多會躲避權威，因為他們喜歡盡可能少的控制和監督，尤其不喜歡一個總愛突然出現的老闆或者喜歡掌控一切的老闆。

▶ 他們不希望自己變成掌控他人的老闆，因為他們不關注他人的需求，他們不願讓他人耗費自己有限的精力。

▶ 在5號看來，職位和薪水就是老闆誘惑員工付出時間和精力的工具，而為了保護自己的個人空間，他們寧願不要這樣的獎勵和認可。

▶ 他們不喜歡與人接觸，認為這是對彼此私密的干擾，除非5號能夠提前知道要討論的話題是什麼。

▶ 做事情前，5號喜歡做準備工作，這能夠讓他們提前知道別人對他們的期望，他們也會變得友好和外向。

▶ 如果5號能夠自由安排時間，自由選擇與他人接觸的方式，他們也會願意在受人管理的體系中努力工作。

▶ 對於面對面的接觸，5號沒有找到有效的防衛手段，因此他們不得不選擇最容易執行的防衛手段──遠離他人，遠離權威。

第六章　5號沉思者：孤獨中的追尋者

適合的環境

5號性格者獨特的性格特點，使得他們能良好適應某些環境：

5號追求知識，他們對於物理世界中的物質和現象比較感興趣，所以更想要花大量的時間來獨自分析和研究外界世界的事物和現象，因此他們往往能成為某一領域的專家或學者。而且，他們研究的領域往往是晦澀難懂，但卻非常重要的。比如，他們會是為心理學家提供心理服務的心理學家、九型人格大師等等。

他們擅長從事需要大量知識的工作，因為他們往往學富五車，因此會成為那些古老語言的活字典。

他們也可以成為喜歡在夜間工作的電腦程式設計師，或者是在股票交易所幕後操控股票市場的人。

不適合的環境

5號性格者獨特的性格特點，使其在一些環境中很難適應：

5號追求自由，因此他們不適合受到權威角色過度監督和控制的工作環境。

5號喜歡在人際關係中營造距離感，因此他們不喜歡需要公開競爭或者直接與人接觸的工作，比如業務員、公共政策討論者、要總是面帶微笑的政黨候選人，這些職業都不適合5號。

冷靜客觀的「思考型」上司

5號具有很強的系統化思考能力，他們喜歡將身邊的人與事分門別類，並根據類別分開管理以保持自己清晰、客觀冷靜的態度。他們在討論和分析工作的時候，習慣使用圖表來系統性地表達思路或想法，亦同樣會要求下屬在提交檔案或彙報工作的時候，多多利用圖表表示。總之，他們對「簡潔、清晰」的追求，讓他們認為「一幅圖勝似萬語千言」。

人們在面對5號上司時，要學會客觀、冷靜地以文字結合圖表分析來呈現工作意圖。要把精力更集中於如何更有效地收集資料上，著重突顯自己的系統性思路，不僅要提出問題，更要提出深刻而有效的解決方案，並定時定量地完成自己的工作任務，才能確保自己得到5號上司的賞識。

尊重員工的獨立性

5號具有極強的獨立思考能力，他們習慣按照職責以及職位階級的本分進行工作，不會出現越級工作的情況。對於原本就已經承擔或正在處理的事情，他們絕對會負責到底，但極少主動要求承擔新的任務。

他們將工作和生活分得很清楚，這主要展現於他們在辦公環境中處理人際關係方面。比如，他們對於朋友和同事的判定簡潔、清晰，工作時認識的人一律稱為同事，絕不會和同事交流工作以外的任何事情，更不會談論工作環境中的人際關係話題，因此不會陷入複雜的辦公室政治中。

針對5號員工的獨立性，領導者要充分尊重他們，並為其確立工作方向、訂立具體的工作目標，並且放手讓他們執行，因為他們獨立思考和分析的習慣以及任勞任怨的工作風格一定會確保工作目標達成，而且不會出

第六章 5號沉思者：孤獨中的追尋者

差錯。如果你對5號進行過多的工作指導，容易使5號感到個人隱私被侵犯，反而會使其無法安心工作。

不打無準備之仗的5號客戶

5號在做任何事情之前，都會付出大量的時間和精力進行準備工作，他們蒐集一切相關資訊，並逐一分析，甚至會將可能發生的種種情況在心中預演一遍，以使自己能夠好好地掌控整個事件發展的過程。在實際購買之前，5號就會運用極強的分析能力進行評估，只有當他們確定值得購買時，才會付諸行動。

對於重視準備工作、不打無準備之仗的5號客戶來說，如果業務員能夠對他們所關心和感興趣的事物表現出共鳴，無疑會縮短彼此的距離，無形中培養出5號客戶對你的信任。此外，業務員在精通專業知識的基礎上，還要涉獵多方面知識，不求精，但求廣，以便及時對5號客戶感興趣的話題做出回應。綜上所述，只要你的準備工作能做得比5號客戶更全面、更詳細，就容易引起5號客戶的購買欲。

愛情需要表達

婚戀中的被動者

在親密關係中，抽離情感對5號來說具有保護作用，使得他們能夠從許多抽象層面的連繫來欣賞他人，但這也會使5號在親密關係中更加被動，從而喪失對愛情的控制權。

愛情需要表達

一般來說，5號的親密關係主要有以下特徵：

- 5號害怕感覺，他們總是竭力避免將自己的注意力集中到情感上，努力克制情感，因此親密感會使他們產生緊張情緒。
- 他們喜歡獨處，與別人的親密感覺只會出現在幽靜的心靈密室裡，唯有自己一清二楚。
- 5號注重思考，往往能夠察覺言語在表達上的局限性，因此他們很少用言語傳遞感情和愛意，而更喜歡透過身體的接觸來體會情愛，激起他們內在的感受。
- 5號的感情反應遲緩，他們很少有激烈的表情和動作，別人會因此覺得他們高深莫測，儼如一個世外高人。然而當他們獨自一人時，感覺就會徐徐浮現出來，這時他們會很了解自己的喜怒哀樂，也知道自己喜歡什麼、討厭什麼。
- 5號與人越親密，就越容易產生脫離關係或與伴侶保持距離的念頭。
- 5號很容易對頻繁的接觸感到厭煩，他們會選擇退出，來梳理清楚自己到底是怎麼想的，會花大量時間反覆回顧或預演雙方見面的場景。
- 5號不會輕易對伴侶做出承諾，而一旦他們做出了承諾，這個承諾就會經得起時間的考驗。
- 5號不會輕易談戀愛，而一旦他們愛上一個人，就很容易對伴侶表現出強烈的占有欲，把對方當作自己情感生活的救生圈，常常讓伴侶感到很大的情感壓力。
- 當5號感到自己是自由的時候，比如不用承擔個人責任，也沒有人強迫他們進行應對時，就會給予伴侶大力支持。

第六章　5 號沉思者：孤獨中的追尋者

▶ 5 號不擅長表達自己的情感，因此他們希望伴侶能夠隨時關注自己的情感變化，並及時給予回應。

用情感打破隔閡

5 號追求獨立，即便是在戀愛關係中，他們也希望擁有自己的個人空間，能夠與伴侶保持一定的距離。在 5 號看來，愛情是愛情，友誼是友誼，工作是工作，他們在這些不同的場景裡扮演不同的角色，有不同的情感態度，因此他們絕對不容許自己將這些情感混淆，否則會容易導致個人的私密資訊外洩，威脅到自身的私人空間。也就是說，職場裡的同事就只是同事，不會發展為親密知己，業餘興趣活動的朋友只在活動中交流就已足夠，不必讓他們介入自己別的圈子中。同樣地，他們認為，伴侶只是自己愛情世界的人物，也不應當介入他們其他的圈子。

而且，因為 5 號不擅長表達情感，也不願意讓自己處於一個會令自己角色分裂的位置，當他們將伴侶帶入自己的朋友圈或者同事圈時，便不知道如何在眾人面前同時扮演家人、朋友的角色，他們會為處境的非單純化感到十分為難。5 號的這些行為常常引發他們和伴侶之間的隔閡感及衝突。

要化解這種隔閡感引發的衝突，不僅需要伴侶理解並尊重 5 號的獨立性，更需要伴侶深刻理解愛情的意義。5 號需要意識到情感交流對愛情、家庭及生活的深遠影響，主動讓伴侶融入自己的圈子，更全面地理解自己，幫助自己更進一步發展，以便維繫長久而和諧的親密關係。

愛他（她），就要勇於承諾

5號恐懼親密關係，是因為他們將愛情中的承諾等同於擾亂自己一個人的生活、心理、思想規律，它同時預告了將要面臨私人空間被削減的煩惱。因此，這無疑是表示，戀愛代表著會導致失去一些東西，並無可避免地會涉及到一個脫離旁觀者角色的決定。而這恰恰是5號不願意看到的。也就是說，5號不會輕易做出愛情的承諾。

由此來看，懼怕親密關係的5號戀愛時往往是經過深思熟慮和仔細衡量的，他們會將對方放在天秤的一端，而另一端便是自我的個人世界，只有遇到一位值得他們在某程度上放棄自我依存、與人無涉原則的人，他們才會接受愛情和婚姻的到來。

然而，在愛情的世界裡，承諾是維持幸福愛情的關鍵因素。因此，如果5號遇見那個能理解自己的愛情伴侶，就別再固守自己的獨立性，而要勇敢地向她／他靠近，勇敢地表達自己的情感，勇敢地許下愛的承諾，並用一生去實踐這個諾言，這樣才能擁有甜蜜而持久的愛情。

精心打造自己的外在形象

5號不太重視自己的外表，他們大多穿著隨意，不修邊幅，偏好中性色、不顯眼、普通簡單的樣式，治裝費相當便宜。而且，他們一般習慣長期穿著款式相同的衣服，很少更換樣式，因為他們害怕那些陌生的款式會令自己出醜，因此他們總不敢在服裝上有所突破。然而，當他們被迫接受新的服裝風格之後，他們又會喜歡上新風格且固守這種風格。此外，當他們真正意識到衣著打扮的重要性後，往往會追求精緻的服裝風格，希望給予人既張揚又簡約的印象。

第六章　5 號沉思者：孤獨中的追尋者

人首先是視覺動物，然後才是感情動物，這點在愛情的初步階段中尤為明顯。當你出現在異性的面前，他們首先注意到的是你的穿著打扮。許多 5 號就是因為不注重自己的外表，往往使異性留下邋遢的不良印象，也就難以獲得異性的芳心。因此，對於那些渴望愛情的 5 號來說，你需要投入適當的注意力在形象上，努力塑造一個美麗的外表，往往能幫助你吸引到心愛的人的注意，並有助於你贏得他／她的芳心。

別被沉思者的冷漠嚇到

有時沉默寡言，有時滔滔不絕

5 號性情安靜，喜歡獨處。對於他們來說，在沒人的時候，感情會更豐富。當他們不得不與他人溝通時，5 號習慣以自己的興趣為基準，不太注意別人的感受，而且他們的語氣大多非常平緩且沒有情感色彩，內容言簡意賅。

如果 5 號在談話中遇到感興趣的話題，他們便不再沉默寡言，變得滔滔不絕，甚至主動找別人聊天，這樣做是為了「搜集資料」。只要對方在簡短的幾句話中有獨特見解，就會吸引他們對其產生興趣，主動找上門，但當他們蒐集到足夠的「資料」後，或者無法從對方身上獲取新知識，就會冷淡下來。如果他們判斷與之交談溝通的人的智力比較低或知識面不夠廣泛，便會突然就不再說話，不想繼續對談。不過，有時候，5 號在談話時的沉默未必是拒絕，也許是在仔細地品味。

人們在與 5 號溝通時，不僅要選擇 5 號感興趣的學術話題，還要留心尋

找一個隱密的時刻,並事先知會他們,最好讓 5 號自己選擇交流的時間和地點,這樣他們會覺得是自己掌控著相互之間的交流。而且,初次溝通時,一定要鼓勵 5 號講出問題的起因,分享他們內心的感受和想法,並為他們預留充裕的時間來整理思緒,然後再給予 5 號中肯的建議。綜上所述,在與 5 號溝通時,要盡量主動一點,但也不要過於主動,以防對 5 號產生壓迫感。

5號經常發出的4種訊號

5 號性格者常常以自己獨有的特點向周遭世界發出自己的 4 種訊號:

正面的訊號

5 號追求獨立,喜歡無拘無束的生活方式,因此他們對於親密關係十分敏感,從不輕易陷入親密關係中。而一旦陷入親密關係中,他們自身豐富的知識與對現實深刻的分析,則能為人們帶來極大的快樂。

負面的訊號

5 號的自我控制讓人感覺他們是在保存自己的時間、空間和能量,他們只和自己接觸。他們給伴侶的感覺也是神祕且高高在上的 —— 聰明而傲慢,好像他們凌駕於所有情感之上,無須為自己做任何解釋。這樣的 5 號常常引起他人的反感,容易導致他人的疏離。

混合的訊號

當 5 號感到自身的隱私受到威脅時,就會轉向自己的內心,並會清楚地向外界傳達「別過來」的訊號,這時的他們往往抽離了自己的情感。但當他們在扮演一個合適的社會角色或者面對壓力時,似乎又表達出自己的情感,就使得人們難以分辨他們對感情的態度:5 號是可以親近的嗎?

第六章　5號沉思者：孤獨中的追尋者

▎內在的訊號

5號習慣以興趣為指標，當他們對你不感興趣時，他們的能量會迅速從現實中撤走。把自己收回的這種表現十分明顯，讓你覺得儘管你們還在面對面談話，卻好像相隔十萬八千里。就算你想喚回他們的活力，他們也只會把能量轉移到其他地方，直到你自己感到筋疲力盡。

內心不冷漠

5號注重個人的隱私，他們努力營造一個不受外界干擾的個人空間，在這個空間裡，他們感情豐富，腦海裡充滿了快樂的空想和有趣的問題。而一旦他們進入現實生活中，注意力就會集中在對自我隱私的保護和對他人的防禦上。他們總是感到被威脅，也就難以在別人面前表現出真正的自我。只有當他們站在旁觀者的位置，冷眼看待一切，內心的恐懼感才有所降低。因此5號總給人一種冷漠的感覺。

但5號大多是面冷心熱的人，他們在面對人群表達自己時往往有困難，不善於表達自己的情感，即便內心已是情緒激盪的狀態，表面上也會不動聲色，所以總給予人冷冰冰的感覺。因此，人們在與5號相處時，要學會習慣5號的冷漠，更要以熱情的態度去對待5號，激發他們內心的熱情，從而增強他們的主動性。

親密也要保持距離感

5號性格者就像是一位冷眼旁觀的裁判，用他的世界觀評斷整個世界。他們的性格如果用一種顏色表示的話，應該是灰色。他們如灰色一樣無所不包，也像灰色一樣低調不張揚，還像灰色一樣與周遭世界保持距

離。他們總是一副不願意與別人深交的樣子，保持「君子之交淡如水」的相處習慣。有的人喜歡和人「自來熟」，他們看不慣沉思者的交往藝術，認為這是種冷漠。其實，這恰是沉思者深諳與人交往的藝術之處，因為保持距離是一種安全的做法，也是讓友誼長久的「保鮮法」。

因此，人們在與5號相處時，要注意保持距離。尊重5號的私人空間，便往往能贏得5號長久的信任。反之，過於親密的關係常常使得5號感到不安，覺得自己的隱私被侵犯，容易引起他們的怒火。

給沉思者的建議：不要逃避世界

根據對5號性格者發展情況的分析，可以將其劃分為三種狀態：健康狀態、一般狀態、不健康狀態。在不同的狀態下，5號表現出不同的性格特徵。

以非凡的洞察力觀察一切

處於健康狀態的5號是內心平衡的人，他們能夠以非凡的感知力和洞察力觀察一切，並深刻理解事件背後的真相。對應的是5號發展層級的第一、第二、第三層級。

第一層級：創造力

處於第一層級的5號是開創先河的幻想家，他們有種奇異能力，得以深而廣地參透和領會現實，能夠統合萬物的要義，從別人眼中虛無而混亂的東西裡，發現事物的規律，發現全新的事物。

第六章　5號沉思者：孤獨中的追尋者

第二層級：沉思者

處於第二層的 5 號是感知性強的沉思者，他們擁有卓越的智慧，能夠透過事情的表面，迅速地進入深遠的層次。

第三層級：創新

處於第三層級的 5 號是專注的創新者，他們變得對單純理解事實或獲得技能不感興趣，而想用所學的東西去超越以前已被探究過的東西。他們想要「有所推進」，不僅因為這是對他們能力的更高階測試，也因為他們想為自己創造一小塊別人難以匹敵的領地。

躲進想像世界裡的理論家

處於一般狀態的 5 號是個內心充滿不滿的人，他們並沒有生活在現實世界當中，而是置身於自己的概念及想像世界裡。對應的是 5 號發展層級的第四、第五、第六層級。

第四層級：勤奮

處於第四層級的 5 號是勤奮的專家，他們變得不如健康狀態下自信，開始擔心自己知道得不夠多，總是怯於行動，在世界中找不到自己的位置。

第五層級：理論家

處於第五層級的 5 號是狂熱的理論家，他們的興趣越來越狹隘、越來越怪異。他們對自身狹隘興趣之外的事物投入的時間越來越少，也越來越不願意嘗試新活動。

第六層級：憤世嫉俗

處於第六層級的 5 號是喜好挑釁的憤世嫉俗者，他們害怕自己因為人或事的侵擾而延誤事情的程序，所以決定抵禦一切自認為會威脅自己脆弱領地的東西，這通常使得他們富有攻擊性。

孤獨恐懼，與世隔絕

處在不健康狀態中的 5 號是個內心失衡的人，他們拒絕一切社會關係，脫離現實，希望把自己完全隱藏起來。對應的是 5 號發展層級的第七、第八、第九層級。

第七層級：虛無

處於第七層級的 5 號是孤獨的虛無主義者，他們在第六層級的基礎上加深了自己的無助感，已處在十分不健康的狀態，所以他們的自我懷疑越來越嚴重，覺得幾乎所有的人和事都構成了威脅，因此對自認為會威脅到自我世界的所有人都展現對立態度。

第八層級：孤獨

處於第八層級的 5 號會隨著內心恐懼感的加深，越來越不相信自己應對世界的能力，更進一步逃避與外界的接觸，逐漸退回與世隔絕的狀態。

第九層級：精神分裂

處於第九層級的 5 號已經呈現出病態的心理特徵，幻聽、幻覺、失眠的症狀越發嚴重，而且他們也不再相信自己能夠抵禦世上的敵對力量和內心的恐懼了，他們渴望停止所經歷的一切。

第六章　5號沉思者：孤獨中的追尋者

第七章
6號懷疑者：懷疑所有，謹慎不安

在九型人格中，6號是典型的懷疑主義者，他們認為這個世界危機四伏、人心難測，稍有不慎，就會被人利用和陷害，但他們又害怕自己被孤立、被拋棄，因此又渴望得到他人的保護。

第七章　6號懷疑者：懷疑所有，謹慎不安

渴望被保護的恐懼者

性格特徵：像曹操一樣多疑

- 內向、主動、保守、忠誠。
- 有敏銳的觀察力，能夠洞察深層的心理反應。
- 在環境中尋找能夠解釋內在恐懼感的線索。
- 透過強大的想像力和專注力來獲得直覺，這兩種能力都來自於內心的恐懼。
- 疑心重，做事小心謹慎，有較強的警覺性。
- 因為內心的疑慮太多，所以總是用思考代替行動，導致行動延宕，或是使工作無法善始善終。
- 努力克制自己的情緒，害怕直接發火，但喜歡把自己的怒氣歸咎於他人。
- 有強烈的悲觀情緒，因而常常忘記對成功和快樂的追求。
- 渴望別人喜歡自己，但又懷疑別人情感的真實性。
- 喜歡懷疑他人的動機，尤其是權威人士的動機。
- 對權威的態度較為極端：要麼順從，要麼反抗。
- 習慣懷疑權威，因此認同被壓迫者的反抗行動。
- 一旦信服某個權威人物，就會由懷疑變為忠誠，因此他們往往對於被壓迫者或者強大的領導者表現出忠誠和責任感。
- 以團體的規範為標準，討厭偏離正軌者，會嚴厲地指責、責備他們。

▶ 循規蹈矩，遵守社會規範。

▶ 經常思考朋友和伴侶的忠誠度，有時會故意激怒別人進行試探。

▶ 期望公平，要求付出和所得相應，會被他人視為斤斤計較。

▶ 常問自己是否做錯事，因為害怕犯錯後被責備，所以犯錯後往往死不認錯。

▶ 在一個擁有足夠安全感的環境裡，他們會支持他人成長，分擔他人的困境。

性格分支：內心有強烈的不安全感

6號性格者往往小心而多疑，他們從小就學會了保持警惕，學會了質疑權威，習慣去思考人們每一個行為背後潛藏的意圖，尤其是那些危險的意圖。但他們遇到力量強大的領導者時，又會十分順從、忠誠。6號以矛盾的態度對待權威，這種矛盾心理往往突出表現在他們的情愛關係、人際關係及自我保護的方式上。

▋情愛關係：力量／美麗

6號認為外界的人和事都是不可靠的，他們總是擔心自己被利用、被拋棄，因此他們內心極度渴望找到可靠的親密關係。為了吸引他人的關注，建立穩固的親密關係，6號熱衷於表現出力與美：令人敬畏的智者、強勁的反對者、迷人的美女、引人注目的男子，這些都是他們想要表現出來的形象。

▋人際關係：責任感

6號具有極強的責任感，他們認為在社會行為中遵守相關規則和義務

第七章　6號懷疑者：懷疑所有，謹慎不安

是表現忠誠的一種方式，這種方式也能夠壓抑其內心恐懼感。在這種責任感的刺激下，他們可以完全投入到家庭或者集體性事業中，能夠為了事業、家庭和理想做出極大犧牲。他們甚至可以鼓舞身處困境的其他人，並為扭轉局勢做出英雄之舉。

自我保護：關愛

6號既害怕親密關係的不穩定又渴望親密關係。他們認為維持他人對自己的好感，是消除潛在敵意的一種方法。如果人們喜歡自己，就沒有必要對他們感到害怕。當6號性格者和理解他們、包容他們的人在一起時，會變得很放鬆，便會解除自己的防衛狀態。

正能量：忠誠可靠，責任心強

亮點

- 有高度的警覺
- 做事謹慎
- 有較強的危機意識
- 有責任感
- 相當忠誠
- 注重團隊精神
- 嚴守時間
- 看淡成功

正能量：忠誠可靠，責任心強

對自己有利的做法

▶ 開始意識到自己內心的恐懼感，並學會透過現實來檢視自己的恐懼感，分清哪些恐懼是自己的想像，哪些是真實存在的。

▶ 不要總是與他人劃清界限，不要總是詢問他人的立場，意識到自己總是希望與他人有相同的指導方針。

▶ 意識到自己有從他人的行為中確認潛在企圖的習慣，因此當他人表現出敵意時，首先反觀自己是否率先表現出進攻的傾向。

▶ 不要讓懷疑使自己關上幫助的大門，因為自己的懷疑破壞了雙方信任的基礎。

▶ 停止對他人的觀察，不要總是強調他人是否言行一致。

▶ 注意到什麼時候自己的思考取代了感覺和衝動。

▶ 不要把別人都當作沒有能力或不值得信任的人，更不能把他人視為行動的阻礙。

▶ 不要故意曲解他人的好意和恭維。

▶ 承認自己膽量不夠，總是需要得到權威人物的許可才敢行動。

▶ 意識到自己喜歡質疑權威，而不是去尋找雙方的共同點。

▶ 意識到自己往往只會想起糟糕的事情，而不是快樂的經歷，提醒自己去回憶那些快樂的事，不要讓負面的經歷影響自己。

▶ 利用自己的想像力，去想像和表達正面的結果。如果注意力總是集中在糟糕的結果上，那就透過想像力把負面的結果誇大，讓自己發現原來現實還不是最糟的。

第七章　6號懷疑者：懷疑所有，謹慎不安

負能量：過度焦慮，悲觀多疑

局限點

- 多疑
- 拖延行動
- 習慣負面想像
- 懷疑成功
- 過於保守
- 缺乏自信
- 過於悲觀

對自己不利的做法

- 喜歡懷疑自己的上司和同事，常常感到不安，總是不停地換工作。
- 對潛在的幫助表示懷疑，寧願獨自執行。
- 對成功感到害怕。害怕超越了父母。
- 隨著畏懼感滋生，覺得自己變得被動、失去了稜角，開始猶豫不決，不願再把項目完成。
- 對成功感到害怕，害怕成功後會遭到更多威脅。
- 希望自己比那些準備幫助自己的人更出色。
- 喋喋不休，讓大腦控制了心靈，讓言語和分析取代了實際行為和來自內心的感受。

▶ 越來越明顯地自我懷疑,而且很容易把懷疑投射到他人身上,認為他人也對自己的能力有所懷疑。
▶ 妄自尊大。把改變的過程變得過於複雜。
▶ 對結果不切實際的幻想阻礙了完成現實目標的合理行動。

如何讓「懷疑」寶寶健康成長?

充滿焦慮的童年

6號孩子天生就被焦慮和不安全感所籠罩,在童年時期他們最重視的就是自己的父母,很擔心受到父母的冷落,得不到支持。因此,6號強大的洞察力最早就透過學習預測父母的態度開始發展,並且在察言觀色的過程中還學會了猶豫不決。他們童年時懷著無助感,總覺得自己是被孤立的小孩,並總是充滿了焦慮,隨著漸漸成長,又從焦慮中發展出了懷疑的特質。因此,他們對父母的感情充滿矛盾,一方面為了得到認同而想要服從,另一方面又因為未能獲得信任而開始蓄意反抗。

心理學認為,焦慮是一種可以轉移的情感,最後很有可能發展成一種不敢面對他人、不敢面對權威的恐懼。焦慮引起的壓抑和恐懼會反映在其他領域,到最後和最初引起焦慮的問題已經沒有關聯。所以父母一定要讓6號孩子在平和的環境中成長,盡量減少他們的焦慮感。

第七章　6號懷疑者：懷疑所有，謹慎不安

尊重孩子的小祕密

6號孩子對潛在危險和問題的想像力特別豐富，遇到困難時要麼躲得遠遠的，要麼閉著眼睛跳入火坑，一面發抖一面作戰。他們從很小的時候就覺得世界上有很多壞人或不可預測的事，所以每個人都應該特別小心，極力順從，以防受到傷害。他們在潛意識裡，總告訴自己不要輕易被事物的表象所迷惑，必須要深入探索真實情況。正是這種觀念，使得6號長期懷有恐懼和懷疑的心理，很難相信別人，做事畏首畏尾，與任何人都保持一定的距離。因此，6號孩子的心裡總是充滿了「不能說的祕密」。

從心理學的角度來看，兒童時期的孩子有祕密，說明他內心世界豐富、智商高、主意多。少年時期的孩子有祕密，說明他正從幼稚走向成熟，善思考、有獨立見解，自尊心也在增強。進入青春期，孩子對成人的封閉性、對夥伴的開放性更加突出，這個年齡層的孩子尤其需要得到尊重。因此，對於6號孩子的這些祕密，父母要懂得尊重，而不要以父母的權威去干涉他們，以免進一步破壞6號孩子心中的安全感。

正視孩子的不服從

6號孩子從出生起，就下意識地尋求家中保護者的認同以獲得安全感，這個保護者既可能是爸爸，也可能是媽媽，還可能是家庭中其他為其提供原則規範、組織紀律的成年人。他們會全力內化自己與這個人的關係，並且在整個成長的過程中維持和這個人的關係。

但如果早期擔任保護者的人在6號眼裡是暴力、不公正的，那麼6號就會將自身與權威的這種關係內化，認為自己無法與他們認為強於自己的那些人相處，因此就會對生活充滿恐懼，擔心自己會受到不公正的處罰並

採取防禦手段，對保護者採取極端反抗的態度。

心理學認為，反抗是孩子精神成熟的重要象徵。從根本上來說，孩子自立、有主見就代表著要脫離父母，並且開始會產生與父母相異的想法，當然，其中有些想法可能仍與父母的相近。然而，即使如此，他們也不會囫圇吞棗地聽信父母的話，而是將其納入自己的思考框架中進行選擇，接受自己認為可以認同的部分。不服從父母，甚至與父母發生爭執，都是隨著孩子的獨立性增強而自然發生的現象。

因此，父母在面對6號孩子的反抗情緒時，要保持冷靜，認真傾聽他的想法，並給予正向引導，才能幫助孩子樹立正確的人生觀。

讓孩子三行而後思

6號很渴望安定，注重安全，他們的內心總是對無法預測的未來有深深的焦慮和恐懼。為了安撫這種不安的情緒，對抗型的6號會主動尋找危險，並顯現出強烈的攻擊性；而逃避型的6號則選擇敏感地逃跑，以此來迴避這種恐懼感。無論是逃避型還是對抗型，在他們心裡失敗的恐懼都要比成功的期望大得多。因此當他們在計劃一件事時，總是會想到「出錯的話該怎麼辦」這樣的問題，並因為懼怕犯錯而遲遲不敢行動。

如果這時父母幫助6號孩子做決定，就容易使得6號在行動時猶豫，漸漸就成了一種隱性習慣，導致他們行動力的降低。而且，6號在行動上猶豫不決的態度可能會被他人視為懶惰的表現，也可能被理解成沒有能力。而他人的這種看法自然又會加劇6號的焦慮和憤怒，令他們感到更惶恐不安，並更加懷疑身邊的人和事以及自己，導致行動的積極性降低，終日懶懶散散、疑神疑鬼，還會令自己的精神面臨更嚴重的困擾。

第七章　6號懷疑者：懷疑所有，謹慎不安

鼓勵孩子勇往直前

很多6號常常會感到恐懼、不安，在他們看來，生命充滿了不可知的變數，但只要能夠有足夠的準備和負責任的態度，就可以安全度過所有的危難。因此，6號似乎永遠都在預測著將來的危難，凡事都會讓他們聯想到各種負面的可能性。他們總是在頭腦中想像出各式各樣糟糕的狀況，並為此感到深深的擔憂和恐懼，這種擔憂和恐懼又會轉換成焦慮不安的情緒。

面對6號孩子常常被自己的悲觀思想擊垮的情況，6號的家長就應引導孩子凡事往好的方面想，讓他們知道有些事情並沒有想像中那樣複雜和糟糕，並鼓勵孩子勇往直前，和他們一起去實行，在實行的過程中堅定他們的信念、鼓舞他們的意志，讓他們意識到自己心裡所想的那些負面糟糕的情況根本就是子虛烏有。長久下來，孩子就能漸漸變得樂觀開朗起來，行動力也會大大提升。

做事前需要充分準備

崇拜權威者

6號性格者對權威的態度極其矛盾。他們總是全神貫注於任何強加在他們身上的權威，懷疑權威的他們傾向於誇大權威，或以違抗、服從、迎合等方式去應對，但他們並不希望成為權威人物。

一般來說，6號的權威關係主要有以下特徵：

> 做事前需要充分準備

- 崇拜權威，對於那些能夠採取行動並從中受益的人，他們往往賦予過高的預期，並渴望和這些人建立親密關係。
- 面對自己的軟弱，恐懼型的 6 號向權威者尋求保護，反恐懼型的 6 號會努力去戰勝它。
- 6 號對權威人物們所操縱的權力結構、運用手段謀取地位以及公司裡可能出現的種種不公平或武斷專橫之處異常敏感。
- 6 號害怕成為他人濫用權力的受害者，因此他們試圖去觀察領導者的祕密意圖，總是注意著對方有沒有操控自己的計畫。
- 他們會產生異常準確的觀察力，了解到「最糟糕的情況」，因此他們喜歡嚴密監視那些有權有勢的人，也會關愛那些無助的弱勢群體。
- 他們認為，任何扮演權威角色的人，都是具有強大勢力、獨斷專行的，因此害怕領導者發怒，這會加劇 6 號心中的負面想像。
- 當他們認可一個人時，會把這個保護者的形象理想化，願意緊隨其後。
- 當 6 號認可的權威不再為他們提供保護時，或者處事不公正、目標不正確時，他們就會轉向反權威的立場。
- 6 號可能被那些具有高度危險性和競爭性的體育項目所吸引，因為在這些活動中，他們被迫迅速做出反應，用行動取代思考。
- 做事容易半途而廢，尤其是當成功已經清晰可見時，他們常常因為找不到反對力量而無法集中精力，開始出現懷疑，常常導致行動延宕。
- 在面對一系列非常清楚的指示時，工作會表現得非常出色，因為他們被賦予的責任和義務能減少他們內心的疑慮。

第七章　6號懷疑者：懷疑所有，謹慎不安

適合的環境

6號性格者獨特的性格特點，使得他們能良好適應某些環境：

6號喜歡做準備工作，他們希望在採取行動前對事情有透澈的了解，而且要預先做好計畫，不喜歡工作環境中含糊或未知的因素，事事要求清晰，特別厭惡輕易修改工作流程，更難以接受隨意增加其他工作。因此，6號往往喜歡在階級分明的環境裡工作，這樣他們就能夠把權力、責任和問題分得一清二楚，極大地增加了6號的安全感和執行能力。

他們重視忠誠、公平及堅持原則，因此他們適合在紀律嚴明的單位內任職，比如從事警務工作、法律相關工作。

他們喜歡遵循社會規則和制度，致力於維護團隊精神。比如，他們適合需要謹慎及有辦事準則的會計行業、講求安全至上的建築工程及醫療工作。此外，他們還適合從事為公司制定與管理規章制度的工作。

他們具有強烈的懷疑精神，這使得他們具有很強的談判能力，因此他們適合在採購行業發展，因為他們的議價本領非凡，能夠為工作的機構爭取最大的利益。

當他們意識到自己的恐懼心理後，往往勇於挑戰自己，喜歡從事具有受傷風險或者為被壓迫者服務的工作。比如，他們可以是橋梁的維修員，也可以是出色的商業策略家，幫助公司轉虧為盈。

不適合的環境

6號性格者獨特的性格特點，使其在一些環境中很難適應：

6號追求安全感，因此不適合在那些需要在毫無準備的情況下，現場

制定決策的高壓工作。

他們也不喜歡那些需要和他人競爭、背後勾心鬥角的工作。

忠誠是老闆的最愛

6號內心有強烈的不安全感，這使得他們堅信這是個對抗外來勢力的世界，因此非常重視忠誠及團隊合作，6號上司想知道哪些下屬與他同一陣線，又有誰足以讓他依賴。6號對於忠誠的態度往往是：「我從不期待忠誠，我要求忠誠！」

因為關注員工的忠誠度，6號上司總是疑心重重的樣子，他們對辦公室環境的細微變化非常敏感，特別對於那些竊竊私語、欲言又止的行為都會多一分防範之心，並更加留意這些人的日常工作表現，甚至開始留意收集他們背叛自己或犯錯的證據，並隨時準備清理門戶，以維護安穩的環境。總之，只要你有一絲不忠，他們就會立即將你排除在他們的圈子之外，並給予相應的懲罰。

在面對6號上司時，人們一定要表現出高度的忠誠，認可6號上司的工作，服從6號上司的安排。總之，只要你用時間逐步證明自己值得依賴，6號上司就會成為你堅定不移的支持者。

幫助6號員工化質疑為動力

對於6號性格者來說，懷疑是他們的天性，他們懷疑一切，而且很欣賞和滿足於自己的懷疑態度和做法，他們覺得這種懷疑習慣可以增加他們的活力。固然在某種程度上，懷疑是必需的，也是健康的，能夠幫助人們做出正確可靠的抉擇，但如果過於懷疑一切，陷入猜疑之中，就可能會阻

第七章　6號懷疑者：懷疑所有，謹慎不安

礙行動，久而久之，對6號的自我形象和自信產生相當嚴重的損害，也不利於事業的發展。

6號喜歡用負面情緒去質疑世界，他們常常在工作中提出無數個「為什麼」，也樂於去尋找答案。但尋找答案的過程是漫長的，這常常使他們感到希望渺茫，因此而悲傷、憂鬱。這時如果領導者能給予6號充分的鼓勵和支持，就能幫助6號重拾探索的信心，積極努力地工作，這就使6號的質疑轉變為他們前進的動力，為他們自己以及團隊贏得更好的發展。

「懷疑型」客戶渴望安全

6號追求安全，因為他們內心有強烈的恐懼感，總是害怕自己被傷害、被拋棄，他們看到的世界是充滿威脅和危機的，所有事物都難以預測、難以肯定。而為了維繫生命，從充滿危險的世界中得到安全感，他們常常會尋求外力的幫助，比如尋求權威人物的保護、加入某個團隊等等。簡而言之，如果什麼人或物能夠讓6號感到安全，他們會竭盡全力地接近對方。

業務員在面對6號客戶時，應更注重從產品的安全功效入手，著重突顯出產品可能帶給6號的安全感。也就是說，業務員在向6號客戶反覆說明購買產品可能帶給他們的好處和保障的同時，也要告訴他們不購買此產品的壞處和危險，比如「如果你不買此產品，一旦發生災難……」。綜上所述，當你激起6號對安全感的渴望時，就容易引起他們的購買欲。但切忌對6號客戶誇大產品的保障功能，這往往會激怒他們。

愛情中的信任及安全感

愛情也會被他懷疑

在 6 號的親密關係中，他們很容易被打動，而且他們在困難時刻會表現得特別忠誠，能夠把他人的利益放在首位；但他們喜歡把自己的感覺加諸到伴侶身上，將自己的想法強加給伴侶，常常造成伴侶的巨大壓力。

一般來說，6 號的親密關係主要有以下特徵：

▶ 6 號有強烈的懷疑情緒，他們習慣質疑周遭的人的企圖，懷疑他人好心的問候，並猜測其行為背後的真實想法。

▶ 6 號十分實際，相信行動勝於感覺，因此不看重浪漫的愛情，著重於彼此做了什麼來表達愛意。

▶ 6 號總是不斷要對方肯定對自己的愛：「你會一直愛我嗎？」即便你的回答是肯定的，他們也會懷疑你是否真誠。

▶ 6 號希望影響伴侶，而不希望被伴侶影響。如果 6 號知道了自己會被伴侶傷害或伴侶可以控制他們的欲望，就會選擇斷絕這段關係。

▶ 6 號會把自己的感受投射到他人身上。比如，他們可能認為你不夠專一，實際上是他們自己在東張西望。

▶ 6 號勇於面對危險和挑戰，當夫妻需求一致對外時，6 號會與對方患難與共，會變成忠誠的夥伴。

▶ 他們很難主動追求快樂，因為當他們開始相信時，疑慮和恐懼也會隨之增加。

第七章　6號懷疑者：懷疑所有，謹慎不安

愛情需要互相信任

婚姻中，6號性格者本質中的懷疑和不安全感會導致他們經常需要確定愛人對他們的愛是否屬實。他們總是猜測伴侶行為背後的動機，有時甚至會臆想伴侶行為背後是否有什麼暗示，這就導致他們太敏感，常常給人疑神疑鬼的印象，引起伴侶的反感，甚至導致愛情、婚姻破滅。

6號要想化解自己的猜疑心，首先要和伴侶加深對彼此的了解，因為了解是相互信任的基礎。其次，6號要學著開闊心胸、寬容大度，不要輕信傳聞，庸人自擾。要知道，在社會中一個人除了和自己的戀人交往以外，還要工作、學習，也要有自己的社交領域。在對方進行這些正常活動時，怎能無端懷疑、責怪呢？否則，就有「庸人」之嫌了。最後，6號要對伴侶開誠布公。有話當面說，有了嫌隙及時彌補。有些猜疑純屬誤會所致，一旦把話說開，把事情弄明白，就可以解開誤會。否則，有話不說，悶在心裡，隔閡只會越來越深。

因為忠誠，所以猶豫

在愛情中，6號是忠誠負責任的類型，如果人們的結婚對象是6號性格者，則少了許多被背叛的可能性。在日常生活中，6號是典型的傳統型人物，信奉傳統價值，具有組織化性格，常著眼於一些社會規範，要求自己符合這些標準，也以此來作為評價伴侶的標準之一。在愛情世界裡，他們一旦認定自己的愛人或者決定與對方步入婚姻階段，就絕對會是忠誠的伴侶。他們必然會把自己的伴侶放在首要位置，盡全力滿足伴侶的種種要求，並以此為樂。

然而，他們在選擇忠誠的對象時卻常常猶豫不決，難以下決心。也就

是說，他們對伴侶的觀察期特別長。他們總是唯恐選錯終身伴侶而下不了決心結婚，就容易讓大好姻緣白白溜走。「她／他會是一個好太太／先生嗎？雖然我們在一起差不多十年了，但結婚畢竟是另一回事，婚後她／他會變成一個我完全不認識的人嗎？」有些6號甚至到結婚的那一天還有臨陣退縮的念頭，又或者在教堂行禮時預想何時會離婚。總之，悲觀的他們總是在喜慶時刻「為失敗做打算」，弄得自己不得安寧。

但是，一旦6號選定愛情伴侶，就變得十分忠誠，對於婚姻的態度會轉趨正面且積極。但當他們發現伴侶原來一直與自己的想像有差異時，就會無法接受，甚至會有被出賣的感覺。為了合理化自己一直以來的錯誤投射，他們會歇斯底里地指責伴侶，要伴侶承擔一切責任，從而引發戀愛、婚姻關係中的衝突。

婚姻需要互相包容

在九型人格中，6號和1號都是喜歡指責的類型，但與表面上挑剔別人，實際上卻是在責怪自己的1號不同，6號習慣將自己的感情及失敗歸咎於他人。當婚姻中產生衝突時，他們往往表現出極度擔憂：「你似乎另有想法，何不說出來呢？你在隱藏什麼？」、「你是不是想離開我？」而且，當他們內心愈是擔心，便愈向外尋找責備對方的資源，並將謾罵指責投擲到他人身上。但對於一段婚姻而言，彼此間的抱怨、指責可謂悲劇之源。

當6號對伴侶感到不滿時，他們通常會反覆分析彼此之間的問題。但由於過度思考讓他們越來越焦慮，他們常常會把所有壓力歸咎於伴侶身上，而不會承認其實絕大部分的壓力是來自於自己。此時，6號會更加生氣，並且將內心的恐懼與擔憂真實化，自我催眠地認定是伴侶造成的，即使伴侶

第七章　6號懷疑者：懷疑所有，謹慎不安

什麼都沒做。而他們對於伴侶無止境的指責，往往會傷害伴侶的感情，惡化彼此的親密關係，甚至會導致婚姻破裂。因此，要想婚姻長久而穩定，6號需要克制自己的猜疑心，盡量避免指責伴侶的行為。

小心翼翼的處世之道

像曹操一樣多疑

在九型人格中，6號絕對屬於庸人自擾的一群。他們常常為精神上的單調無趣所困擾，常常質疑自我能力，並為別人在忙些什麼而感到焦慮。在人際交往中，他們十分擔心自己會被利用、被拋棄。

為了避免這種情況的發生，6號有極高的警覺性，他們不停地防備真正或假想的威脅，挖掘在表面下進行的一切。因為他們堅信，隱藏的動機和未說出口的議題，才是真正驅策言行的因子。即便他們未必清楚自己對抗的是什麼，依然會未雨綢繆，做好一切防範，反正這麼做也無傷大雅。而且，儘管他們內心充滿了擔憂，但往往不會表現出來，而是以隨和且溫婉的態度，用旁敲側擊的方式去試探他人的反應，探知他人的真實意圖。

人們在與6號進行溝通時，要盡量坦誠相待，不要耍什麼小心眼，不要兜圈子，內容要精確而實際，不要輕易讚美他們，也不要譏笑或指責他們的多疑，這會使他們更缺乏自信。

6號經常發出的4種訊號

6號性格者常常以自己獨有的特點向周遭世界發出自己的4種訊號：

▋ 正面的訊號

6號對於權威的態度是矛盾的。當他們認為這種權威不可信任時，就會反對這種權威，但如果認為這種權威是可信任的，則會給予全力支持。因此，他們會對少數信任對象表現出極度的忠誠，還會信任那些軟弱無力的人和感到害怕的人。

▋ 負面的訊號

6號喜歡將注意力集中在那些負面消息上，從而使得自己總往最壞的方面去想像。為了避免發生他們所預期的那些危機，他們注重細節，有時候會牽強附會——把不相干的事情連繫在一起，還會用過度的保護來控制局勢，加強防禦，確保自己的安全。

▋ 混合的訊號

6號總是習慣把事情往最壞的方面去想，因此他們對身邊的每一件事、每一個人都抱有懷疑的態度，不願意對他人表達真實的情感，以免被他人利用。但是他們又不確定自己的判斷是否準確，因此儘管對雙方的關係感到懷疑，卻又不願意從中脫身。因此，他們經常因為內心的懷疑論而擾亂自己的思緒，傳達出混亂的訊號，往往使得他人感到十分困惑。

▋ 內在的訊號

6號不僅懷疑他人，也懷疑自己。懷疑阻礙了他們的感覺。他們可能聽見你說的話，但是並不完全相信，因為他們並沒有完全感覺到。大多

第七章　6號懷疑者：懷疑所有，謹慎不安

數時候，他們會將他人的讚美視為「客套話」，這並不是指認為對方在撒謊，而是覺得對方話中有話。這時，他們可能對他人進行追問，以證實自己對他人的負面猜測，也就常常引起他人的反感。

對6號，收起你的猜疑心

6號有強烈的不安全感和懷疑心理，因此他們在為人處世時相當小心謹慎，總是對環境中可能存在的風險及問題憂心忡忡，常常令自己陷入不安的境地。他們對於環境中的任何一點細微變化，都會十分敏感，這份敏感並不是用來體察對方的感受，而是透過敏銳地察覺對方的變化來體會自己內心的感受，而後根據這份感受以邏輯思考梳理出自己對變化的判斷，繼而評估所處環境是否安全，自己應該靜觀其變，還是應該抽身離去。

在6號看來，懷疑是必要的，有助於他們做出正確可靠的抉擇。因此他們看見和經歷的所有事情都在質疑的範圍之內，他們質疑別人說的話，也質疑自己的思想和能力。他們總是設想未來的種種悲慘景象，是為了一旦大難來臨時能夠從容地應對。然而，6號常常陷入懷疑的歧途──猜疑中，使得他們過分防備身邊的人，對於別人給予的幫助也要再三思索，從而遮蔽了他們發現善的眼睛。

如果人們在與習慣猜疑的6號交流時，也採取猜疑的態度，只會加劇6號的不安全感，惡化彼此的關係，甚至可能引發6號強烈的反抗。

忠實的「中庸」信徒

6號喜歡懷疑自己，因而他們通常沒有自信，而且又擅長負面思考，總是絞盡腦汁地想要找出可能出錯的地方，因此他們總是保持沉著冷靜。

把這兩個性格特徵綜合在一起來看，就會發現，6號是小心謹慎的類型，因此他們為人處世多奉行中庸之道、注重團隊精神。因為其內心總會有「棒打出頭鳥」的擔憂，認為獨自一人面對問題或承擔責任是一種危險，所以他們不喜歡表現自己，更願意融入團隊或環境的氛圍裡，以共同承擔的方式採取行動，一起分擔風險。甚至在結果明確是由他們所達成的時候，他們也不願承擔這些榮譽和成就，而會強調是大家共同努力取得的成績。

此外，6號反抗權威卻又對強大權威相當忠誠，由於不安全感和邏輯判斷的思考方式，讓6號人格對權威人士懷有既「尊敬」又「怨恨」的情緒。他們一方面希望依靠權威人士獲得安全感，另一方面又因為權威人士不可能只讓他一人依靠，而抱怨對方不能為自己提供絕對的安全感。他們給人一種「萬年老二」的感覺。種種跡象都表明，6號是中庸主義的忠實信徒。如果人們在與6號交流的過程中能夠做到中庸主義，就能有效地拉近你們的距離，易於贏得6號的信任，甚至可能得到6號的忠誠。

給懷疑者的建議：學會坦承，放下焦慮

根據對6號性格者發展情況的分析，可以將其劃分為三種狀態：健康狀態、一般狀態、不健康狀態。在不同的狀態下，6號表現出不同的性格特徵。

內心平衡的人

處於健康狀態的6號是內心平衡的人，他們不再盲目地懷疑他人，能夠忠於他人、認同他人，因而也能夠得到他人充滿感情的回應。對應的是6號發展層級的第一、第二、第三層級。

第七章　6號懷疑者：懷疑所有，謹慎不安

▍第一層級：自我肯定

處於第一層級的6號能夠肯定自己、信任自己，並與自身的內在權威保持和諧關係，同時他們也能夠相信他人，並以忠誠的形象贏得他人的信任。

▍第二層級：富有魅力

處於第二層級的6號擁有迷人的個人魅力，能夠在無意間吸引別人。他們知道如何引起他人強烈的情感反應，並左右他人的情緒。他們具有讓他人做出回應的能力，儘管他們自己通常不會意識到這一點。

▍第三層級：忠實

處於第三層級的6號是忠實的夥伴，為了維持一段真摯的友誼或穩定的合作關係，他們會十分忠誠，全心全意地投入到這段關係之中。

懷疑讓他感到不安

處於一般狀態的6號是個內心充滿不滿的人，他們把自己的時間和精力投注到自己深信是安全穩定的東西上，會懷疑自己。對應的是6號發展層級的第四、第五、第六層級。

▍第四層級：忠誠

處於第四層級的6號在忠實的性格特徵上更進了一步──忠誠，他們越來越感到維繫一段穩定關係的重要性和迫切性，因此他們選擇承擔更多的責任，常常以盡職盡責的忠誠者形象示人。

第五層級：矛盾

處於第五層級的 6 號內心的不安全感逐漸加深，這使得他們變成了矛盾的悲觀主義者：他們一方面能夠忠實於自己的責任和義務，一方面又開始擔心無法應付肩上的壓力和要求，害怕因此而失去來自盟友和支持體系的安全感。這時，他們容易產生矛盾心理：我要如何能減輕身上的壓力和緊張，又不會讓自己盡忠的對象們感到失望甚至憤怒呢？

第六層級：獨裁

處於第六層級的 6 號是獨裁的反叛者，他們內心的恐懼感越來越強烈，他們努力想要控制自己的這種恐懼感，卻因為已經與內心的權威失去了連繫，常常做出粗暴的反恐懼行為，給人極富攻擊性的印象。

自我貶抑，自我懲罰

處在不健康狀態中的 6 號是個內心失衡的人，他們嚴重缺乏安全感，變得依賴性極強且自我貶抑，同時有強烈的自卑感，覺得自己很無助、無能，尋求更強大的權威或信仰來解決一切問題，唯命是從，有受虐傾向。對應的是 6 號發展層級的第七、第八、第九層級。

第七層級：極度依賴

處於第七層級的 6 號是過度反應的依賴者，他們一改第六層級時囂張跋扈的獨裁者形象，變得膽怯、懦弱，因為他們在嘗試攻擊性行為後發現無法繼續堅持。

第八層級：被害妄想症

處於第八層級的 6 號有更深的焦慮感，這使得他們從自我壓抑的憂鬱

第七章　6號懷疑者：懷疑所有，謹慎不安

症狀態逐漸轉變為歇斯底里的被害妄想症狀態，進而使其失去了控制焦慮的能力。當他們想到自己的時候，會變得失去理性且瘋狂；當他們想到他人的時候，則充滿歇斯底里與妄想。

第九層級：自殘

處於第九層級的 6 號是自殘的受虐狂，因為他們深信無法避免來自權威人物的懲罰，所以乾脆自我懲罰，以抵消負罪感，逃避或至少減輕權威的懲罰。

第八章
7 號享樂者：人生得意須盡歡

7 號性格者是追求享樂的樂天派，他們天性樂觀，喜歡追求新鮮刺激的感受，言談舉止掩飾不住搞笑，甚至給人「沒心沒肺」的感覺。

第八章　7號享樂者：人生得意須盡歡

沒有心計的樂天派

性格特徵：快樂率真，求新求奇

▶ 樂觀開朗、活潑好動，是快樂的天使，常帶給周遭的人快樂。

▶ 正向地考慮問題，但真的發生問題時，可能會以追求快樂的行為來逃避。

▶ 喜歡追求生命中自由自在的感覺，不喜歡被環境或他人束縛。

▶ 害怕沉悶的生活，總是積極參加各種新奇和刺激的活動，追求多元化的快樂感覺。

▶ 喜歡擁有多重選擇，單一的選擇會讓他們覺得索然無味。

▶ 他們常常是社交場合活躍氣氛的關鍵人物，是不可或缺的開心果角色。

▶ 只要有新奇事物存在，他們就會樂此不疲地享受這種新奇的感覺。

▶ 他們待人坦誠率真，感情不加掩飾，常常給人沒大沒小的感覺。

▶ 眼神古靈精怪，臉部表情豐富，常常帶著開心的笑容。

▶ 肢體動作豐富，手勢多且誇張，常常笑逐顏開、手舞足蹈。

▶ 語速很快，聲音洪亮，語氣跟神態都很搞笑，說話沒有重點，常常離題。

性格分支：畏懼單調乏味的生活

7號性格者喜歡追求快樂，他們害怕生活單調乏味，這種特點在情愛關係上，便表現為經常會展現魅力去誘惑他人。在人際關係上表現為，為了尋求長久的快樂，而犧牲自己的部分快樂。另外會採取與相似者相處作為保護手段，這種矛盾心理往往明顯表現在他們的情愛關係、人際關係及自我保護的方式上。

情愛關係：魅惑

7號性格者渴望進行一對一的接觸，並且主動展現魅力。在戀愛關係上他們常常顯得有些風流，總是要留下些風流韻事。他們對於一段關係常常剛開始顯得很有熱情，但很快就會轉移注意力。為了維持婚姻的長久，他們需要時常克制自己的情感。

人際關係：犧牲

7號性格者在人際關係中會選擇把注意力放在團體的快樂上，他們甚至願意犧牲自己眼前的快樂來謀求團體的福祉，他們相信，所有的犧牲都是暫時性的，未來的結果還是正面美好的。

自我保護：尋找相似者

7號性格者喜歡尋找相似者，雙方志趣相投，這樣的氛圍讓他們感到安全，有大家庭一般的歸屬感，從而緩解自己對生存的擔憂。他們喜歡和自己有相同想法的人，喜歡和大家一起分享夢想。

第八章　7號享樂者：人生得意須盡歡

正能量：創意十足，善於交際

亮點

▶ 活躍氣氛的高手

▶ 勇於冒險的嘗鮮者

▶ 擁有廣泛興趣

▶ 富有創意的點子王

▶ 善於制定計畫

▶ 優秀的公關人員

▶ 具有承受挫折的能力

對自己有利的做法

▶ 意識到年齡增長和成熟的價值，不要只是迷戀青春和活力。

▶ 明白痛苦有時候是需要直接面對的，暫時用玩樂轉移注意力治標不治本。

▶ 意識到自己常常給自己很多選擇和計畫，這也是逃避現實的一種手段。

▶ 意識到自己迷戀快樂，不敢做出真正的承諾，這會讓自己渴望體驗更多。

▶ 不要沉溺於膚淺的快樂，這樣很容易喪失深度的體會。

▶ 常常反思自己應當承擔的責任，意識到自己有逃避責任的習慣。

▶ 知道自己盲目自戀，自身價值遭到質疑時，會不自覺地變得憤怒。

> 負能量：缺乏耐力，逃避壓力

- ▶ 意識到自己盲目樂觀，喜歡把事物美化，想像中的總是比現實更好。
- ▶ 在自己選擇不多的時候，練習從一而終，潛能通常可以隨之迸發出來。
- ▶ 充分品味此時此刻的生活，而不應聚焦在對未來的嚮往上。
- ▶ 注意到別人的內心感受和他們關注的焦點。

負能量：缺乏耐力，逃避壓力

局限點

- ▶ 缺乏耐性
- ▶ 過度自戀
- ▶ 做事情淺嘗輒止
- ▶ 盲目樂觀
- ▶ 難以注意到他人感受
- ▶ 難以承受痛苦
- ▶ 逃避責任
- ▶ 難以許下承諾

對自己不利的做法

- ▶ 覺得自己高人一等，瞧不起其他人。
- ▶ 遇到困難時，會轉移自己的注意力，忽視眼前的困難，對現實毫不在乎。

第八章　7號享樂者：人生得意須盡歡

- ▶ 在現實面前，認為遇到的問題很可笑，覺得他人杞人憂天。
- ▶ 對承諾感到害怕和厭煩，總是希望有更多的選擇。
- ▶ 習慣做出承諾，但卻不履行承諾。
- ▶ 將自己的錯誤合理化，為擺脫責任推託狡辯。
- ▶ 希望與權威人物平起平坐，不想被領導，不太喜歡遵守命令。
- ▶ 做事情無法專心致志，也無法長期堅持。
- ▶ 口無遮攔，常在不自覺中傷害他人。
- ▶ 無法傾聽別人的感受，只會一個人大言不慚。

如何讓「享樂」寶寶健康成長？

叛逆的孩子

從孩童時期，7號眼裡所看到的就是各式各樣令他們覺得被束縛住的規範，而父母則是負責監督他們守規矩的人。他們認為父母總是不斷地幫自己定規矩、設限制，目的就是規範甚至禁錮自己的某些行為，使他們失去自我，不讓他們做自己喜歡做的事。因此，7號會對父母產生一定的抵抗心理。

雖然感覺到自己被束縛，但7號很少對父母做無謂的消極抵抗或是大發脾氣，他們會想出各種方法來逃避父母的監控，並且這個方法一定是既可以達到自己的目的，又能令自己感到快樂的。而且，7號的注意力總是自發地轉向正面的回憶，他們所記得的總是最美好的事情，因此他們的童

年往往是很豐富、很快樂的。

父母在面對 7 號孩子時，需要擔任好一個調節者：當 7 號一時興起、衝動莽撞或是過度活躍時，及時幫他們踩住煞車，避免他們橫衝直撞留下隱患；當他們精神渙散、三心二意或是難以堅持時，要幫他們踩穩油門，讓他們腳踏實地地堅持把一件事由始至終地完成。

引導孩子的恐慌情緒

7 號孩子頭腦靈活，點子特別多，是名副其實的點子大王，他會用自己的創意和靈感帶給人意外的驚喜。他們的想法天馬行空、不拘一格、無拘無束，對於他們來說，在這個世界上似乎沒有什麼事是不可能的。

7 號在行動時總是有點散漫，常常是「三分鐘熱度」，沒有耐心和持久力。他們很害怕沉悶束縛，因而在做事的時候很少會列出一份周詳的計畫，大多數時候都是隨性而為，想做就去做。這種散漫的個性，其實很不利於 7 號在某些方面的長期發展。有時候，他們還可能被自己的這種散漫個性所連累，讓人留下不好或很難放心的印象，從而白白耽誤了很多大好時機。

為了改掉 7 號孩子「三分鐘熱度」的毛病，父母要注重引導他們的恐慌情緒。當 7 號孩子對某件事情過於投入時，心裡會由於注意力局限而產生負面的反對聲音，從而感到恐慌，因此他們會以同時關注或選擇多種事物來逃避這種恐慌心理。父母還要培養 7 號孩子的堅持習慣，比較有效的方法是將他探索的大目標分解成一個個循序漸進的小目標，每當孩子完成一個小目標時，就和他一起慶祝，分享他達成目標後的喜悅，引導他下一次試著自己去制定每個小目標。

第八章　7號享樂者：人生得意須盡歡

教會孩子一諾千金

7號孩子總是自認為人際關係很好，能用一副好口才博得他人歡心，為人們帶來歡樂。在九型人格中，7號孩子的嘴是最甜的，他們從很小的時候就懂得說俏皮話逗大人開心。比如，為了製造樂趣，7號講述事情時有時會誇大描繪，以此博取眾人的歡笑，這自然會令人感覺他們很有趣，但也容易讓人留下輕佻浮誇「吹牛大王」的印象。

針對7號孩子這個吹牛的毛病，父母要著重培養他對承諾的重視。因為對於7號來說，拒絕別人是一件很痛苦、很尷尬的事情，但答應完了就完了，7號很少會去實行，很可能扭頭就忘了。要讓7號孩子學會遵守承諾，最重要的是要他們學會換位思考。當7號孩子答應了別人某件事而沒有做到時，家長大可故意不去履行答應過他的小事情，在他前來責問你時，引導他進行換位思考，讓他親身感受到被人欺騙那種不好的感覺，只有這樣他才能記得住。如果他再度忘了做答應別人的事情時，你只要提醒他去回想當時的感受，他自然就知道該怎麼做了。

讓痛苦幫助孩子成長

7號和6號一樣，內心深處都潛藏著深深的恐懼，不過他們處理恐懼的方式卻大相逕庭。6號總是充滿憂慮，總表現出一副謹小慎微、惴惴不安的樣子，而7號則永遠是大而化之、滿不在乎的樣子。7號慣於以無止境尋找快樂的極端方式來掩飾或逃避內心的恐慌，他們自然也有害怕的時候。如果7號家長認為孩子天生膽大不懂害怕的話，那真的是誤會他了，7號孩子在某些時候也是個膽小鬼，他的行為越誇張時，很可能正是他越覺得害怕的時候。也就是說，7號孩子並不是沒有難過悲傷之時，只是他

們會用尋樂的方式來逃避它。換句話說，7號孩子很難面對和承認生活中喜怒哀樂是交互存在的這個現實。這種想要逃避的心理，正是7號孩子性格中最大的枷鎖。

要想讓7號孩子獲得真正的幸福、有健康的身心，最重要的就是陪在他們身邊，與他們一起體驗生活中各種不同的感受。要讓7號孩子知道，困難、痛苦和悲傷沒什麼可怕的，這些感受和快樂一樣都是生活的一部分，並適時帶領他們親身感受一下這些令人難過的場面，這對他們的成長大有幫助。

沒有規矩，不成方圓

九型人格中，7號孩子的紀律性是所有孩子中最差的。因為他們生性喜歡變幻，通常無法專注於一件事情，也就與「為某件事情負責」的觀念搭不上多少邊。而由於骨子裡就不懼怕權威，渴望公平的他們更不會像完美型的孩子那樣，把紀律視為多麼神聖而嚴肅的事情，所以父母會發現，在學校裡不懼怕老師，把老師當成朋友的孩子往往是7號性格者。

但是「沒有規矩，不成方圓」，生活在社會這個大團體裡，沒有責任感和紀律性注定會走很多彎路、吃很多苦。當7號孩子逃避了屬於自己的責任，忽視了應該遵守的紀律時，也就逃避和忽視了本應該降臨在他們身上的成功之果。

作為7號孩子的家長，要適當地幫他們收斂那種想要不停取悅自己和他人的情緒，節制他們瘋狂尋找新鮮刺激的行為。家長要讓7號孩子知道，你沒有必要去取悅他人，你要做的事情還有很多，例如將注意力集中到自己身上，誠實面對自己的各種感受。家長可以在孩子的各種需求中幫

第八章　7號享樂者：人生得意須盡歡

他們進行篩選，剔除那些並不是很想要的東西，然後引導他們將精力專注在值得參與的事物上，繼而慢慢地讓他們自己來掌控這個過程。只要讓7號孩子學會自我節制，慢慢調節性格中的衝動，就可以令他們變得更專心、更有忍耐力、視野更開闊，做事也更加心無旁騖。

自由快樂的創新者

看淡權威的自由工作者

7號在權威關係中的關鍵問題就是自由，他們喜歡保有多種選擇。他們可以是掌控大局的領導者，也可以是安分守己的員工。

一般來說，7號的權威關係主要有以下特徵：

▶ 7號性格者喜歡平等的狀態，沒有人在他們之上，也沒有人在他們之下。

▶ 看淡權威，認為權威人物也是普通人，自己自然可以和他們平起平坐。

▶ 具有天生的優越感，認為自己有大有才能，可以自己選擇要走的路。

▶ 害怕自由受到任何形式的限制，努力消除權威對自己的控制，面對壓力，通常會變成強烈的反權威者。

▶ 7號擅長帶動團隊的整體情緒，他們是團隊中生活氣息和快樂的泉源。

▶ 在項目實施的最初階段，以及項目遇到困難時，他們的成效最好。

- 他們很難對一個項目從頭到尾都投入熱情。
- 他們不喜歡常規工作，也不習慣自由度低的工作。
- 7號常用大量的設想和理論來取代枯燥而艱苦的工作。
- 7號通常是很好的計畫顧問，他們善於提供形形色色的創意。
- 如果一件事情讓他們感興趣，即使不切實際，他們也不會輕易放棄。

適合的環境

7號性格者獨特的性格特點，使得他們能良好適應某些環境：

7號貪圖享樂，是美食和美酒的熱衷者，他們愛好玩耍，娛樂產業、旅遊及飯店業等都非常適合他們。

他們有好奇心，喜歡多樣化的選擇，行業具有多樣性、變化快且不斷求新的經營場合非常適合他們。作為學者的話，他們通常是跨學科研究的發起人和推動者。

他們通常富有點子和創意，文創、廣告數計都很適合他們。他們是創意收集者，可以扮演顧問的角色。而他們又具有獨立的個性，不喜歡受約束的工作習慣，最適合當自由支配自己時間的「自由人」。

7號很善於講故事和感染別人，因此可以成為魔術師、主持人、演員、導演、編輯或者作家。他們還善於交際，擁有廣泛的人際關係網路，是很好的公關和業務人才。

綜上所述，7號喜歡自由快樂且需要智力、創造性、千變萬化的工作，這樣的工作常常可以吸引他們的注意力和興趣。

第八章　7號享樂者：人生得意須盡歡

不適合的環境

7號性格者獨特的性格特點，使其在一些環境中很難適應：

7號學什麼都能很快就能掌握，但往往鑽研不深，很快就會喪失興趣。他們討厭那些日復一日、年復一年地從事簡單、機械、重複、不需要創意就能做的工作，例行事務的工作中很難看到7號的身影，比如行政人員、公務員等，這樣的工作太沉悶、太枯燥，是7號最無法忍受的。

實驗室裡的技術人員、會計和其他可以預見結果的工作也不適合7號，因為這樣的工作缺乏新鮮感和變化。

跟著上司一起快樂工作

7號性格者是正向樂觀的，當他們成為領導者時，在工作中非常注重營造輕鬆、歡快的團隊氣氛，亦會把管理精力偏重在建構和維護團隊歡樂的氣氛上。他們擅長用自己正向的態度來感染團隊成員，並透過精神鼓勵的方法來刺激他人實現團隊目標，一旦發現有人情緒不佳，7號就會主動安排一些娛樂活動來安慰或激勵對方。

作為7號上司的下屬，你需要隨時提醒自己保持正向樂觀的工作態度，不要以負面的態度對待工作，或過於關注工作過程中的負面情況，更不要經常以對負面情況的分析作為理由來反對他們時常提出的新創意或新計畫，他們會因此對你產生過於保守、太過沉悶的評價，並將你劃入「無能」的類別，還會因此挑剔你的工作。

7號上司喜歡在工作中營造不分你我的平等人際關係，讓大家都能以率真、坦白的方式相處並執行工作，因此他們很討厭員工在辦公室建立「小圈子」，更禁止「辦公室政治」風氣。

激發員工的創新精神

7號下屬常常自發地主動承擔工作，他們對工作充滿各式各樣的奇思妙想，嘗試發揮自己的創新精神來為公司開創新局。他們時常抱著正向目的進行工作，因而對於他們自發性的工作風格要給予充分讚賞，同時要懂得放手讓他們自由工作，利用他們的敏銳思維，在工作中擴展各式各樣的新嘗試。

他們對自己的創新精神經常保持足夠的自信，同時也希望別人能夠讚賞自己這一點，如果這一特質得到讚賞，他們通常會更加勤奮，甚至可以做出很優秀的成績。

領導者對於7號頻頻想出的好點子，一定要抱持讚賞的態度。有時候也許你會覺得他們的想法很幼稚，但很多時候，一些幼稚的想法反而能創造出偉大的成就，就像萊特兄弟一樣，想飛的瘋狂想法，最終卻成就了他們發明飛機的壯舉。

用快樂贏得客戶

7號追求快樂，享受刺激和冒險，他們常常被能帶來刺激和享受的產品吸引。因此，如果你想要成功銷售，一定要向他們描述產品帶來的刺激和享受，把你的產品與能帶給他們的快樂連繫在一起，用一系列新奇刺激的冒險計畫來接近他們。

但要注意的是，7號喜歡自由選擇，他們討厭別人在自己面前擺出高姿態，害怕自己被強制或者受到催促，在這樣的情況下，他們常常會非常憤怒，難以遏制地發火，這樣就幾乎沒有希望成交了。

第八章　7號享樂者：人生得意須盡歡

快樂不是愛情的唯一

充滿歡笑的戀愛

7號在親密關係中，通常喜歡尋求自己的快樂，喜歡去冒險嘗試所有的美好，但又不喜歡做出承諾，而且經常會有點見異思遷，有一點花心。

一般來說，7號的親密關係主要有以下特徵：

▶ 7號喜歡自由自在的伴侶關係，不喜歡被束縛的感覺。

▶ 7號如果已經進入一段關係，可能同時向其他人施展魅力。

▶ 7號喜歡刺激和快樂的關係，忽視生活中平淡無奇的一面。

▶ 7號自視甚高，通常期待伴侶足夠欣賞自己。

▶ 他們非常善於讓伴侶高興起來，總是能找到快樂的理由。

▶ 一旦關係出現問題，7號往往會選擇以玩樂來迴避，讓雙方沒有討論問題的時間。

▶ 他們受不了憂鬱的伴侶，常常會選擇遠離。

▶ 7號是「不能做戀人，但還可以做朋友」的類型。

▶ 儘管做出承諾很難，但是7號也會在分手後懷念美好的時光。

接受婚姻的束縛

7號思想靈活，追求生活的多樣性和新鮮感，因此他們在生活中經常有很多點子，並會要求自己的伴侶來配合他們這些創意，這使得他們常常給予人古靈精怪的感覺。但如果伴侶不能理解或跟不上7號跳躍性的生活節奏，

抑或是伴侶對 7 號表現出不耐煩的情緒，7 號的內心就會產生抗拒愛人的感覺，因為他們已覺得對方的態度本身就是一種壓力，並因此產生距離感。

如果伴侶在生活中過度限制 7 號的想法及行動，特別是反對他們追求自由以及感受生活中的各種刺激時，往往會造成雙方爭執，但 7 號往往不會直接面對這些不愉快的爭執，而是選擇逃避來避免與伴侶接觸，同時自己仍舊去感受那些快樂、新奇、刺激的事物，這常常讓伴侶覺得 7 號沒有責任感，進而加劇彼此之間的衝突。

對於 7 號來說，他們常常在結婚後感受到失去自由的煩惱，也會為婚後產生的問題而感到後悔不已。「如果我還是單身，那該有多麼自由自在啊！」他們會緬懷起結婚前的黃金歲月。追根究柢，是 7 號還沒有意識到人際關係本身就是一種束縛，尤其是一對一的愛情婚姻關係，只有當 7 號明白了這點，並看清人生不會只有順境與快樂，世界不是為人而設的遊樂場，人生本來就是由悲歡離合構成的，才能夠放下對快樂的偏執，正確地看待自己與伴侶的情感關係。

平平淡淡才是真

7 號重視感官的刺激，他們總是要透過五光十色的世界尋找無限的可能性。他們很難將注意力凝聚在固定的愛人身上，因為一旦將注意力集中，便會覺得快樂被剝奪了，他們的目光總是忍不住投射在不同的異性身上，尤其容易被剛認識的異性身上某個以往自己沒有接觸過的特質所吸引。這就導致 7 號在婚戀關係中的不定性問題。由於害怕限制，他們往往不願結婚，除非玩夠了，因此他們與許多異性都不過是露水姻緣，過眼雲煙；即便結了婚，他們也可能不認為與其他異性發生親密關係是一種背

第八章　7號享樂者：人生得意須盡歡

叛，反而認為那是正常的娛樂，是他們難以抑制的情趣。作為7號的伴侶，恐怕終日都要生活在擔心他們變心的恐懼中。

7號不僅喜歡自己追求新鮮刺激感，還會在日常生活中費盡心思地安排各種好玩、新奇、刺激的事情，以此來博取伴侶的好感，更希望伴侶能夠與自己一起親身體驗各種新鮮事物。他們希望在這些體驗中來感受彼此內心的快樂，並把這種快樂視為愛的關鍵。然而，他們的自我中心傾向使得他們缺少體察別人感情所需的敏感度，容易使伴侶產生巨大的壓迫感。只有當7號走出感官刺激的迷途，才能真正意識到愛情和婚姻的真諦是平淡而非刺激。

和伴侶一起體會悲傷

7號愛與伴侶分享快樂的事，平日閒聊都是圍繞一些令人精神清爽的話題。他希望伴侶帶給他的信念是「生活是美好的」，希望雙方是因為快樂才在一起，沒有任何約束和限制。他們不願面對負面情感，讓他們坐下來感受悲傷簡直是不可能的。他們的心思會立即轉移到正向的選擇上——能為他們帶來快樂，讓他們繼續前進的有趣選擇。是否真的去做並不重要，他們只要從選擇的可能性中感到快樂就夠了。當伴侶堅持要討論負面影響時，7號會覺得伴侶要強迫他們面對不高興的事情。如果他們無法擺脫，就會很生氣。這常常讓他們的伴侶感覺受到冷落，從而可能為他們的關係埋下隱患。

因此，7號需要學會接受伴侶的負面情感，要明白不是每個人都像你一樣可以整日保持輕鬆愉快的心情，而且生命中亦有一些人人都需要面對的嚴肅問題，不是開懷大笑一番便可以迎刃而解的，所以憂愁不一定是種

負面或病態的反應。你可以嘗試拿出耐性來，體會一下為何伴侶會陷入低落的情緒中，然後運用你的機智，與他一起面對問題。

精力充沛的快樂天使

自我中心的健談者

7號喜歡漫無目的地閒聊，他們的注意力非常分散，談話似乎都是即興的。他們喜歡分享自己的想法，分享自己的喜悅和哀愁。他們的話題不拘一格，可以是體育、餐飲，也可以是從前的電影等話題，他們無邊無際地談一些對方感興趣的事情，當然也可能想到什麼說什麼，喋喋不休，不著邊際地瞎聊，白白耗費寶貴的時間。這常常顯得他們見多識廣，興趣廣泛，是個很好的談話對象，而且還有助於緩和緊張氣氛，在別人心目中樹立平易近人的良好形象。

但7號的溝通方式常常過於自我，比如當他興奮的時候，常常會抓住一個人就喋喋不休，也不管對方感不感興趣，只顧自己一吐為快。而且，因為他們常常處於輕鬆愉快的態度，同時希望你也能以這種態度與他們交談。他們對於嚴肅、拘謹、無趣的人沒有好感，也會因為受不了沉悶而選擇離開。

7號經常發出的4種訊號

7號性格者常常以自己獨有的特點向周遭世界發出自己的4種訊號：

▌正面的訊號

7號態度正向，充滿想像力和創造力，是不按套路出牌、不拘一格的

第八章　7號享樂者：人生得意須盡歡

點子大王，常常能夠化腐朽為神奇，變平淡為美妙。而且他們對未來的樂觀態度能夠鼓舞他人，讓人們接受他們的所有潛能和可能性。

▍負面的訊號

7號有較強的自戀情結，經常只在意自己的安排和自己的快樂，難以注意到他人的需求，看起來對他人漠不關心。他們通常無法做出承諾，即使做出承諾也很難兌現，總是在逃避自己的責任，用玩樂來轉移自己的煩惱情緒，常常給人不可信任的感覺。

▍混合的訊號

7號經常為自己保留多種選擇，甚至有時候他們的選擇可能前後矛盾。他們的注意力會時有時無，這樣的生活方式會表達出很多資訊，讓你難以理解他們到底要怎樣，對他們的想法也會有點摸不著頭緒。

▍內在的訊號

7號常常陷入迷困惑，很難分辨哪些是自己真心想要的，而哪些是自己一時興起的，因此他們常會陷入選擇的困境中，不知道該選擇哪條道路。

為7號營造輕鬆快樂的氛圍

7號具有天真、坦誠和爛漫的個性，他們常常把焦點放在快樂、輕鬆的氛圍上，覺得這樣的人生才有意思。他們彷彿是一隻打不死的「小強」，擁有旺盛的生命力，並總能讓周遭的人處於他們營造的快樂氛圍中。

和7號在一起，也應該考慮這一特點，和他們交往的時候，不要太嚴

肅和拘謹，要放得開一點，盡量和他們一起營造一個輕鬆快樂的氛圍。如此一來，他們也會和你產生更多共鳴，你們的交往才可以更加順利地進行。

7號喜歡新奇刺激的話題

7號頭腦靈活、思考敏捷，且這些敏捷的思考都指向對「新、奇、特」的感受和追求，也因此導致他們平日裡經常一心多用，同時處理很多事情。雖然有時候會手忙腳亂，但你會發現，他們似乎很享受這種狀態，認為這很刺激。因此，他們會在日常生活中安排各種好玩、新奇和刺激的事情，什麼新潮的東西都要去嘗試一下，雖然很少長久堅持下來。

他們也樂於和別人分享這些事情。同樣地，如果你能主動和他們談論這些事情，通常也能引起他們極大的興趣。人們和他們在一起時，可以談論各式各樣的事物，比如足球、籃球、魔術方塊的玩法、新上映的電影或新開的特色餐廳，也可以和他們聊聊流行的鬼故事、世界上的奇聞軼事、新開的遊樂園、新推出的網路遊戲和桌遊等等。只要是新奇刺激的話題，都能引起他們極大的興趣。

給享樂者的建議：學會沉著地面對恐懼

根據對 7 號性格者發展情況的分析，可以將其劃分為三種狀態：健康狀態、一般狀態、不健康狀態。在不同的狀態下，7 號表現出不同的性格特徵。

第八章　7號享樂者：人生得意須盡歡

懷著感恩的心去尋找快樂

處於健康狀態的7號，他們追求快樂和外界並無衝突，能夠和外界和諧共處，他們不單單強調自己追求快樂，而且懂得承擔自己的義務。對應的是7號發展層級的第一、第二、第三層級。

第一層級：感恩

處於第一層級的7號不會為了尋找快樂而煩躁，他們會不斷接受現實，懷著一顆感恩的心，用自己的心去欣賞周遭的一切，他們發現快樂就在身邊，自己只需要接受周遭的事物，就可以得到足夠的快樂。

第二層級：熱情

處於第二層級的7號開始焦慮，他們欠缺對生命豐富性的信仰，擔心生活本身不能滿足自己的需求，於是開始積極主動地尋求快樂。他們顯得精力旺盛，是熱情洋溢的樂天派。

第三層級：多才多藝

處於第三層級的7號擔心無法維持自己的快樂，為了確保自己可以獲得快樂的感受，他們開始形成務實的實用主義態度，認為只要自己有足夠的自由和財力，就可以過上令人滿意的生活。而要想達到這一點，自己必須多才多藝，為這個社會做出貢獻。

追求膚淺快樂的人

處於一般狀態的7號是個追求膚淺快樂的人，他們過度追求多樣化，對自我的控制有些薄弱。他們因為追求所謂的快樂而開始與現實產生對

立，同時可能忽略自己的責任和他人的感受。對應的是 7 號發展層級的第四、第五、第六層級。

第四層級：豐富

處於第四層級的 7 號期待快樂和滿足，他們開始迷戀多樣化的事物，不願錯過所有能使自己快樂的東西，他們也變得越來越有經驗，並想要嘗試所有的事物，這樣他們的內心才會得到滿足。

第五層級：過度活躍

處於第五層級的 7 號是過度活躍的外傾型，他們害怕無事可做，這會讓自己感覺焦慮，因此不斷地將自己胡亂投入各種活動中，以尋求新鮮的感受。他們維持著衝動狀態，並在這種衝動中不斷消耗自己的生命。

第六層級：過度享樂

第六層級的 7 號是個過度享樂者，他們需求更多，變得貪婪而急躁，所有需求都必須立即獲得滿足。

因追求快樂而誤入歧途

處於不健康狀態的 7 號是個因追求快樂而誤入歧途的人，他們追求快樂使得生活失衡，對自己放任自流，甚至放棄周遭的一切正常生活，也嚴重影響到周遭的人。對應的是 7 號發展層級的第七、第八、第九層級。

第七層級：衝動

處於第七層級的 7 號是衝動型的逃避主義者，他們從事的活動帶給周遭的人麻煩，卻也無法追尋到自己的快樂。如果痛苦超出了其所能承擔的

第八章　7號享樂者：人生得意須盡歡

限度，就可能會更依賴用衝動來逃避，他們不會反省自己，而是把大量時間花在感興趣的事情上。

第八層級：自我強迫

處於第八層級的 7 號開始陷入瘋狂的強迫行為中，他們擔心自己會完全喪失享受快樂的能力，為了緩解這種焦慮，為了安撫完全失去控制且極度不穩定的情緒，他們忍不住強迫自己參與各種活動。

第九層級：歇斯底里

處於第九層級的 7 號陷入驚慌失措的歇斯底里，生活對他們的壓迫到達使其無處可逃的地步，沒有東西可以依賴，陷入歇斯底里的恐怖之中，無法以行動或做任何事來幫助自己，似乎只能在恐懼當中迎接死亡。

第九章
8號領導者：強權的化身

8號是九型人格中的「統治者」，他們在生活中希望依靠自己的實力來主宰生命，並且喜歡掌控制身邊的一切人事物。

第九章　8號領導者：強權的化身

用實力衡量一切

性格特徵：掌控一切，唯我獨尊

- 強調獨立思考與決策，以掌控一切的方式主宰自己的人生。
- 關注整體策略，至於小事情或細枝末節，喜歡讓人代勞。
- 相信「強權就是公理」，專橫霸道，喜歡掌控身邊的一切。
- 富有正義感，喜歡為自己爭取公道，也不懼為他人兩肋插刀。
- 自己的行事準則，不允許別人指指點點或表現出任何不尊重。
- 富有攻擊性，可能隨時隨地表達憤怒，但脾氣來得快，去得也快。
- 沒有耐心傾聽反對意見，難以意識到自身的缺點。
- 專向困難及規則挑戰，是「明知山有虎，偏向虎山行」的典型。
- 輕視懦弱，尊重強者，喜歡在正面衝突中絕不會退縮的人。
- 喜歡過度而極端的行為，比如沉迷於美酒佳餚、無止境的夜生活、運動量大的運動，甚至沒完沒了地工作。
- 表情威嚴、昂首闊步、目中無人、笑容爽朗。
- 說話直截了當，常用「我告訴你」、「聽我的」、「為什麼不能」等口頭禪。

性格分支：要求掌控全局的偏執狂

　　8號性格者希望一切都在自己的掌控中，他們討厭失去控制的感覺，這樣的特點使得8號陷入一定程度的偏執，這種矛盾心理往往明顯表現在他們的情愛關係、人際關係及自我保護的方式上。

▌情愛關係：控制／臣服

8號希望能夠完全控制愛人的行為，讓他們按照自己的想法去做事，不惜使用強迫的手段。但是當他們完全相信某一個人的時候，卻又可能放棄自己的控制欲，轉而臣服於對方。

▌人際關係：保護／被保護

8號喜歡那些受他們保護的人和那些保護他們的人，他們之間常常可以建立友誼。當然，8號通常以衝突的方式和他人建立信任關係，他們時常結交眾多的朋友，然後一起工作或玩樂，確保每個朋友都享受生活，而且在需要的時候相互提供支持與保護。

▌自我保護：滿意的生存

8號要求掌控周遭的一切，比如自己的空間領域、自己的物品和穩定的生活狀態，如此一來才能夠滿意地過生活。他們希望一切依循自己的心意，而不是聽從他人的安排，被控制的後果只會讓自己恐慌。

正能量：正義的保護者

亮點

▶ 疾惡如仇，崇尚正義

▶ 不害怕衝突

▶ 直率坦誠

▶ 重情重義

第九章　8號領導者：強權的化身

▶ 善交朋友

▶ 富有領袖氣質

▶ 有開拓精神的創業家

▶ 不知疲倦的工作狂

對自己有利的做法

▶ 注意自己劇烈的情感表達會帶給別人很大的傷害。

▶ 注意說話的語氣，你的語氣常常讓他人感覺受到反對和威脅。

▶ 不過度保護在乎的人，在照顧他人的時候，也要知道照顧自己。

▶ 在採取行動之前學會傾聽和等待，並藉此來抑制自己的衝動。

▶ 學會適當妥協，往往可以找到更好的解決辦法。

▶ 學會理解他人行為的邏輯性和正確性，允許不同意見存在。

▶ 讓別人按照本身的步調做事，效果可能更好。

▶ 意識到自己常常依照朋友和敵人來劃分陣營，沒有第三種選擇。

▶ 不要總是挑外界的毛病，要學會反求於己，從自己身上找缺點。

▶ 準備發火之前，忍一下，先在心理面倒數10下。

負能量：容易過於獨裁

局限點

▶ 對自己內心的願望渾然不覺

▶ 無法控制自己的憤怒

▶ 過分尋求刺激

▶ 行事衝動

▶ 專橫獨裁

▶ 貪戀權力

▶ 喜歡報復

▶ 盲目自大

對自己不利的做法

▶ 不喜歡被人控制，卻沒有意識到自己有控制別人的想法。

▶ 做規則的制定者，但同時也是規則的破壞者，只約束他人，不約束自己。

▶ 在團隊中顯得專橫霸道，不注重團隊合作。

▶ 心有不順，立即對身邊的人發動攻擊。

▶ 只看得到自己的強大、優點和正確，否認自己的脆弱、缺點和錯誤。

▶ 拒絕他人的幫助，將其看成憐憫而加以拒絕。

第九章　8號領導者：強權的化身

- 言語激烈、行事魯莽，把人得罪了自己還不知道。
- 喜歡過度的生活方式，把自己弄得筋疲力盡，生活不能平衡。
- 忘記自己的方向，用過度的狂歡、食物、性愛、毒品等來轉移自己的壓力。
- 有壓力時變得什麼都不在乎，放棄周遭的一切，自己一個人躲起來。

如何讓「領導」寶寶健康成長？

8號的童年生活

在8號的眼裡，所有的事情都與公平與正義相連，他們思考和看待每一件事的方式都是「這件事是否公平」、「當中是否有違背正義的現象」，因此，他們對父母的看法也取決於父母一貫的處事方式。

如果父母處事公平公正，對任何欺善怕惡的人和事都能勇敢抵抗，能夠盡力保護家人和身邊的朋友，對一些不合理的事敢仗義執言的話，那麼8號孩子就會認為父母很偉大，是值得學習和信任的。在此情況下，他們通常會比較乖，比較順從父母，能認真聽從父母的建議和教導，甚至將父母視為自己的偶像。

如果父母的性格比較懦弱，敢怒不敢言，遇到不公平或不合理的事不敢出聲、抵抗，只會選擇逃避，或者父母經常出現待人不公的行為的話，那麼8號孩子就會產生不認同的情緒。年紀較小時一般會默不作聲，但隨著慢慢長大，他們的反抗行為就越來越嚴重，經常出現不聽從父母的話，和父母頂嘴的現象，因此會讓人留下叛逆的印象。但實際上，此時在8號

孩子的心裡，父母已經不再是能保護他們和維護公平的人了，他們必須讓自己變強大，用自己的力量來主持正義。

別讓孩子成為「小霸王」

8號是個很容易讓家長感到頭痛的人格類型，他們是典型的「小霸王」，做事有些獨斷專橫，凡事隨著自己的想法來，喜歡指使別人，支配欲望很強，完全不受家長的控制。每個8號孩子的身體裡似乎都充滿了爆炸性的能量，必須馬不停蹄地盡情釋放才能令他們舒緩下來。因此，家長所看到的8號孩子常常大喊大叫、頤指氣使，說話的時候習慣用手指指著對方或手舞足蹈。不喜歡稱呼別人的名字，說的話中常帶有「你做這個」、「我告訴你」、「跟我來」等命令式的口頭禪，語調極為堅定。他們在談話時往往直接切入正題不繞圈子，不給別人打斷的機會，也不聽別人說話，經常是只有他們說話的份，而沒有別人說話的份。另外，8號孩子情緒變化非常快，翻臉就像翻書一樣，所有的情緒都掛在臉上，高興就高興，不高興就不高興，喜怒哀樂一看便知。

8號孩子容易犯爭強好勝的毛病。充沛的精力讓他們充滿熱情，但同時如果精力用過頭，就成了破壞力。面對8號孩子出現的種種變化和可能發生的不良行為，家長要深入了解孩子的行為表現，不單純以「好孩子」和「壞孩子」的概念進行劃分。應試著耐心溫柔地詢問原因，幫助他分析整個事件，引導他從不同的角度看待事物，確立清晰概念。當8號孩子從正面獲得了足夠的支持，就不太可能會選擇非常規方式滿足自己的需求。

第九章　8號領導者：強權的化身

教會孩子尊重他人

8號孩子總是堅持認為他們心中的真相就是完全客觀的真相，一旦確信自己認定的真相是正確的，就會忽視其他因素，不管這種真相是否自私或者僅僅代表一部分事實。他們的大腦會排斥一切反對意見，任何反對都是他們攻擊的目標，其他的看法在他們看來都是愚蠢的，根本不值得思考。他們想要做什麼就必須做到，如果他人願意配合很好，如果他人不配合他們也會獨自行動決不放棄。這種固執的個性令他們很難聽進別人的教導和建議，哪怕這些內容是為他們「撥亂反正」或是對他們的發展改進大有幫助，他們也會一概將其拒之門外，甚至會做出衝動對抗和無理的挑戰行為。追根究柢，是8號內心的控制欲在作怪。

父母要限制8號孩子的支配欲，就要幫助他們學會站在他人的角度去看待問題，教他們學會尊重他人，認真聽取他人的想法，才能更全面地理解事物。

培養孩子的團體意識

8號孩子像獅子一樣，總以為自己能力超群、才華橫溢、比任何人強大，連走路的時候眼睛都往上看。他們的這種脾氣，常常會使其難以找到可以合作的同事和朋友，成為「獨行俠」或孤膽英雄。但是在社會當中，個人的能力再強，也需要他人協助，否則很多事情都難以完成。

很多在團體中擔任小領導者、小幹部的孩子都有過「為什麼我做的一切都是為了同學好，但他們都離我遠遠的」的困惑，這正是因為他們自視甚高。父母要教會8號孩子明白：一個人的能力是有限的，只有與人合作，才能彌補自己能力上的不足，達到自己原本無法達成的目標。此外，

父母還要有意識地引導孩子放低姿態，讓他們慢慢掌握平和親近的待人態度，或是製造機會讓他們充分感受那種融入團體的快樂感覺。

培養孩子的應變能力

8 號孩子特別任性，是那種想做什麼就會執拗地做到底，就算撞了牆也不回頭的人，專向困難及規範挑戰。他們做事時習慣遵循自己的感覺和衝動，能夠迅速地把自己的衝動變成行動，有時候快得令人猝不及防。而且，8 號孩子普遍對挫折的耐受能力很有限，很難控制自己的脾氣，如果有什麼事情是他們想做而沒有做，或是有什麼問題是他們想解決而沒有解決，就會顯得特別焦慮、煩躁，必須要立即用行動去化解才行。因此，很多家長覺得自己的 8 號孩子做事莽撞，毫無思考能力，常常「沒用腦袋」做事，缺乏完善縝密的思考能力。

其實不然，8 號孩子並非毫無思考能力，而是欠缺應對突發事件的能力，因為那些突然而至的變化總是令他們慌張不安，並急切需要透過行動來化解這種不安的情緒。因此，父母要多關注 8 號孩子內在個性特質的發展過程，著重培養他們的情商，就能有效提升他們應對突發事件的能力。

職場裡的強勢角色

天生的強勢領導者

8 號在權威關係中的關鍵問題就是控制權的問題，他們喜歡掌控的感覺，因此他們的權威關係中不變的定律就是爭奪控制權的拉鋸戰。

第九章　8號領導者：強權的化身

8號的權威關係主要有以下特徵：

- 8號堅持自己是正確的，希望一切按照自己的想法去做。
- 8號是天生的領導者，他們一方面可以強勢地侵犯他人的地盤，另一方面又要保護自己地盤當中需要照顧的人，他們總是善於集中盟友，打擊共同的敵人。
- 8號特別關注盟友或下屬是否值得信任，他們最擔心內部所產生的紛爭。
- 8號常常會和其他人進入對抗狀態，他們習慣於透過鬥爭而不是談判來解決問題。
- 8號總希望全面占有資訊，只有這樣，他們才會有真正的安全感和掌控感。儘管壞消息常常讓他們大動肝火，但是如果他們發現自己是不知情者時，就會覺得自己被欺騙了，會更加生氣。
- 8號具有很強的項目推動能力，有他們在，項目通常能順利完工。
- 8號領導者也有干涉別人工作的傾向，他們通常喜歡按照自己的一套做法來做事。
- 8號對於下屬的錯誤常常是不留情面地加以指責，甚至不給對方改過自新的機會。
- 8號常常是規則的制定者，但同時也是打破者。他們是「只許州官放火，不許百姓點燈」的專制領導者。
- 8號通常更加關注對人的掌控，對於具體的事件有時候反而比較疏忽。
- 8號領導者經常擺出架子，在員工面前有威嚴，但顯得不夠親切，員

工和他們在一起會有一定的疏離感。
▶ 8號常常透過發火來表明自己的掌控，但這也可以顯示出他們內心的恐懼和緊張。
▶ 8號常常透過對抗來獲取資訊，他們從來不懼怕對抗。

適合的環境

8號性格者獨特的性格特點，使得他們能良好適應某些環境：

8號不願被控制，卻希望去領導、操縱一切，擔任指揮者、管理者和領導者都會很稱職。

8號喜歡獨立作業，喜歡顯現自身重要性的工作，那些需要勇氣和智慧面對衝突的工作也很適合他們。

8喜歡挑戰，歡迎競爭，偏好那些有機會表現自己勝利的環境，他們常常是很好的業務員、武術運動員、企業家、高級官員。

8號不怕吃苦，只要是他認定的工作，通常能夠脫穎而出，可以成為各個行業的優秀人才。

不適合的環境

8號性格者獨特的性格特點，使其在一些環境中很難適應：

8號不喜歡需要嚴格遵守規則的地方，那些受規制或約束的環境，通常不適合他們，比如一般的辦公室工作人員、行政人員、基層公務員等。

8號不喜歡那些被外在力量所操控的環境，不喜歡被操縱的感覺，也不喜歡待遇不公的地方。

第九章　8號領導者：強權的化身

越級越權會害了自己

　　8號領導者本身是一個桀驁不馴的人，常常一方面是規則的制定者，另一方面又成為打破規則的人。他們本身通常具有強烈的階級觀念，他們希望自己的下屬服從，即使是對下屬的下屬，也希望他們能夠服從固有的制度，這樣一切才會顯得有秩序。

　　越級越權，企圖壓過上司的風頭，在上司的上司面前表現自己，這種行為會嚴重損害到與部門主管的感情，帶給自己以後的升遷難以跨越的障礙。因此，除非萬不得已，千萬不要越級。公司像一部複雜而精密的機器，每一個部件都在固定的位置發揮著不同的作用，以確保整部機器的正常運轉。然而有一部分人為了突顯自己，老是喜歡做出越級行動，這些人大部分都對自己的頂頭上司感到不信任或不服氣。這樣做的後果是擾亂了公司的正常工作程序，造成人為的關係緊張，反而影響到工作效率，更影響到自己的升遷之路。

　　對於注重職場階級制度的8號上司來說，下屬越級越權的行為更是他們的大忌，他們會覺得8號下屬是個野心勃勃的人，因此會深深防備，並且希望找到機會瘋狂打壓，直到這個下屬臣服於他們或離開為止。

用實力讓員工信服

　　8號員工總是表現得像領導者一樣，而把真正的領導者晾在一邊。他們喜歡掌控自己的地盤，而且天性使其總是試圖對外擴張領土，他們的控制欲可能促使他們去反對權威，會帶給領導者潛在的麻煩。

　　為了防止你的8號下屬一點一滴侵犯你的領土，面對他們你可以表現

出自己強悍的一面，甚至可以進入他的領地不斷試探。你要為他設立清晰的限制，這樣可以讓你對他產生一定的威懾力。而 8 號在面對限制和懲罰時，反而能表現得更好。

要想真正贏得 8 號員工的信服，領導者就需要讓 8 號員工了解你超凡出眾的能力，讓他知道你不同於一般人，讓他知道你的獨一無二之處，像是非凡的策略眼光、豐富的知識及技能、不同凡響的專業領域影響力，以及你所擁有而他沒有的實踐經驗。這樣 8 號員工不僅會心甘情願地接受你，而且會做出異乎尋常的決定去追隨你。

「硬碰硬」也是一種策略

8 號客戶的講話風格常常非常強勢，他們總是直截了當地提出要求，顯得粗魯。他們甚至會對你的產品和你本人指指點點，大聲吼叫，和你議價的時候，也會顯得比較凶，一些比較膽小的業務員甚至會被他們的強勢所嚇倒。在他們面前戰戰兢兢，是沒有必要的，應該明白這是他們的特點，一點都不可怕。面對強勢的 8 號，業務員需要的是冷靜的頭腦，因為只有冷靜的頭腦才可以做出最佳判斷，找到 8 號顧客的弱點，並且讓他被你征服。

8 號是硬派人物，他們不喜歡懦弱的人，會透過不打不相識的方法贏得朋友。因此，人們在向他們銷售產品的時候，可以改變一下自己的策略，既然他們不接受禮節性交流，那麼你也可以採取衝突的方式，大膽地和他們「硬碰硬」，表現出你強勢的一面，這樣說不定反而會贏得他的尊重，那麼成交就是遲早的事了。

第九章　8號領導者：強權的化身

愛情中霸道的一方

雙方地位不平等的婚戀

8號在親密關係中，通常喜歡控制對方的一切，不希望戀人掌控自己的生活。但在擁有安全感時，他們也有可能屈服於對方，並且把自己視為戀人的一部分。

一般來說，8號的親密關係主要有以下特徵：

- 8號習慣按照自己的喜好行事，不習慣徵求戀人的意見。
- 8號習慣監控自己的戀人，希望戀人的行為在自己的掌控當中。
- 8號常常選擇比自己弱小的伴侶，他們希望一切都在掌控中。
- 8號希望成為關係的主宰，但是如果伴侶拒絕被控制，他們也會覺得很有吸引力。
- 8號習慣保護自己的戀人，像保護自己一樣去保護他們。
- 8號在困境當中，通常是堅定而有力的依靠。
- 8號通常不允許自己展現出柔情密意，他們逃避自己的脆弱情感。
- 8號如果被伴侶傷害，通常會選擇報復。
- 8號不害怕和伴侶爭吵，相反地，他們還把爭吵當作雙方溝通想法的手段。
- 8號習慣擔任保護者的角色，他們不習慣被呵護的感覺。
- 8號也可能放下武裝，認可自己的伴侶，成為一個真誠的愛人。

愛情中霸道的一方

愛情需要互相尊重

在愛情中，8號伴侶常常顯得過於強勢，經常以對方認輸作為結束衝突的條件。他們在愛情中展現強硬的風格，很難表達自己的甜言蜜語，也不願意表現自己內心的軟弱。他們認為一旦示弱就會破壞自己建構的強勢形象，讓戀人覺得自己好欺負，甚至會使戀人的厭煩。

然而，真正甜蜜的愛情生活，不需要一方勝過另一方。在愛情的世界裡，只有從內心深處發展出來的愛，才是真正的力量泉源，也才能真正釀出愛情的甜蜜滋味。對於習慣強勢的8號來說，只有適當地控制自己對伴侶的掌控欲，尊重伴侶的想法，才能享受愛情的甜蜜。

不要忽略愛人的感受

8號伴侶專注於自己的欲望，常常去感受自己對生命的掌控，卻往往忽略愛人內心的感受。

他們認為「人應該自己爭取想要的一切」，如果愛人不主動表達自己的好惡，8號伴侶就會把愛人的表現視為認同，並且要求對方支持和配合自己的決定和行動。

他們對愛人認為自己遭到忽略的埋怨常常不理不睬，也不會做出安慰行為，他們認為——切都是對方自己選擇的，所以理應承受應有的結果。如果對方一再強求，他們甚至會覺得對方不可理喻，並且會以極端的態度去對待對方。但是人與人之間情感的溝通，是關係得以維持並向更為親密的方向發展的重要條件，8號也需要學習重視愛人的感受。

第九章　8號領導者：強權的化身

每個人都需要自由

8號在愛情中比較強勢，常常會干涉自己的愛人，控制欲特別強。他們肆無忌憚，把男人呼來喚去，或隨意支配或干涉女人的想法和行動。他們的大男人主義和大女人主義顯露無遺，並一味要求對方妥協，其愛人常常沒有真正的自由。

他們的愛人時常非常痛苦，不能做自己命運的主人，沒有自主權，而自由是每個人都需要的，只有給予愛人足夠的自由，才可能產生真正的愛情，而8號也才能真正體會愛情的幸福。

絕對正確的人

強勢的溝通狀態

8號總是顯得自信而有魄力，但有點接近爭論或攻擊，不過他們對這一點甚至沒有自覺。他們的言語相當強勢，問題也很尖銳，同時沒有耐心等待問題的答案。他們讓人為難，並且可能會在無心中說出一些傷害性的話語。

他們的言語常常斬釘截鐵、富有霸氣，他們與人溝通時不喜歡拐彎抹角，什麼事情都喜歡拿到桌面上談，有什麼說什麼，直截了當。他們經常說「喂，你去幫我把垃圾倒掉」、「我跟你說，你明天把那本書給我帶過來」、「走，一起去逛街」、「你怎麼還沒有幫我做好啊」、「你什麼時候能定下來」這樣的話，顯得強勢而又乾脆。

一些人難以適應 8 號的直接和強勢，甚至會覺得被冒犯。但如果你試著學習 8 號的溝通風格，簡潔直接地說出自己的用意和要求，不迴避問題或者避重就輕，這樣的交流其實也會更加真實且有效率。

8號經常發出的4種訊號

8 號性格者常常以自己獨有的特點向周遭世界發出自己的 4 種訊號：

正面的訊號

如果 8 號對你產生信任，就會把你視為他們生命的一部分，會為你提供保護，如果你夠強大，他們也會期待著你的保護。他們的熱情、坦誠和幽默風趣，可以為你的生活帶來興奮和活力。而且他們勇敢果斷，善於授權，給予他人成長和提升的空間及機會。

負面的訊號

他們相當強勢、富有進攻性，總是要讓自己掌控一切，他們常常會主動越界，也常常是衝突的製造者。他們把發怒作為力量的展示，認為這樣才有真實的掌控感。他們言語肆無忌憚，常常傷害到親人和朋友。而且 8 號不會承認自己的錯誤，如果別人指責自己，那麼他們通常會狡辯，並且反駁他們的錯誤，和別人吵得不可開交。

混合的訊號

他們發出的訊號是充滿矛盾的統一體，他們一方面展現頂天立地的硬漢形象，試圖從生活的點點滴滴去控制你和命令你，另一方面又呈現內心情感無比脆弱和細膩的形象，他們願意好好照顧你、關心你、討好你。這一切常常會讓周遭的人感到困惑：他到底是喜歡我還是討厭我？

第九章　8號領導者：強權的化身

內在的訊號

他們難以發現自己的控制欲實際上代表了內心的脆弱和擔憂。強大的控制背後實際上是深深的恐懼，他們擔心自己無法控制局勢。因為這種恐懼，他們總是主動出擊，要先把局勢穩定下來。即使在他們感覺自己似乎有點過分的時候，他們的思想還在告訴自己：「千萬別示弱，示弱的話情況可能會更糟，一定要堅持住。」

包容8號的壞脾氣

8號比較自我、強勢，當他們的需求得到滿足的時候，就會非常高興，但是如果其願望沒有得到滿足或者重視，就會非常生氣。追根究柢，是因為他們把自己的地位看得比其他人都要高，認為自己的需求是最重要的，很難真正尊重別人。他們總是不自覺地輕視別人，並且喜怒隨性，這樣常常會在無意中傷害很多人，讓別人受傷並對其產生敵對的情緒。比如，他們可能時時去和別人翻舊帳，強行反駁他人；常常使用傷害性的指責，而不是建設性的抱怨；常常陷於滿腔怒火的狀態，強求別人服從並了解自己，即使自己不說出口。他們不願意改變乖戾的習性，認為自己這樣沒有什麼不可以的，自己就是這樣的人，全世界的人都應該來適應自己。

他們許多時候都沒有意識到自己的壞脾氣，更難以意識到他們的壞脾氣對他人造成的傷害，也就是說，8號常常犯無意間傷害他人的錯誤。如果你要和8號進行交流，就要提前做好心理準備，針對他們的壞脾氣幫自己打預防針，要了解這是他們的性格特徵，不一定是你哪些地方做得不對。這樣你就可以更加平靜地和他們相處，也可以減少被他們傷害。

領導者需要被尊重

8號非常注重個人的尊嚴。儘管他們非常強勢，但是並不一定要求你去喜歡他們，他們注重的是尊嚴，不是喜歡。所以，當你表示並不喜歡他們的方式時，他們可能並不會生氣；但是如果你對他們表現出輕視，或者沒有應有的尊重，他們的怒火會馬上升起，立刻就會進入對抗和衝突的狀態。

而且，8號發怒的時候常常失去理智，甚至會非常極端，忘記自己在做什麼。他們會摔東西、出口傷人，並會說出一些很過分且有威脅性的話，他們的身體在跳動、面目猙獰，就像一團火焰，要燃燒周遭的一切。

面對憤怒的8號，人們應該盡量保持冷靜，不要和他在氣頭上爭辯，而要等他們冷靜下來再溝通，這也是你尊重他們的表現。而當8號感受到你的尊重時，他們也會對你表現出自己的善意。

給領導者的建議：學會柔和，別成為破壞者

根據對8號性格者發展情況的分析，可以將其劃分為三種狀態：健康狀態、一般狀態、不健康狀態。在不同的狀態下，8號表現出不同的性格特徵。

能和外界和諧相處的人

處於健康狀態的8號是能夠和外界和諧相處的人，他們不單單注重控制別人和外界，而且懂得控制自己和體諒別人。對應的是8號發展層級的第一、第二、第三層級。

第九章　8號領導者：強權的化身

第一層級：大度

處於第一層級的8號不會試圖去刻意掌控他人，他們對他人充滿同理心，無微不至地為他人著想，是豁達大度的人。

第二層級：自信

處於第二層級的8號相信自己的能力，具有極高的自信心，他相信自己可以掌控周遭的一切，掌控自己的命運。

第三層級：挑戰

處於第三層級的8號希望自己能掌控自身和周遭的世界，他們喜歡掌控的感覺，那種感覺讓他們感覺強大。但是另一方面他們也擔心自己變得弱小，於是便一次次地投身於挑戰當中，顯示自己的獨立和力量。他們是富有建設性的挑戰者。

驕傲而有控制欲

處於一般狀態的8號是個驕傲而有控制欲的人，他們對別人的控制顯得有些過度，對自我的控制有些薄弱，他們和現實的對立開始突顯。對應的是8號發展層級的第四、第五、第六層級。

第四層級：冒險

處於第四層級的8號尋求掌控，但卻發現自己的想法不一定有效果，他們表面自信，其實內心相當恐懼且擔憂，不知道自己的勝算有幾成。他們開始集中精力，務實肯做，改變自己身邊的世界，成為實做的冒險家。

第五層級：控制

處於第五層級的 8 號發現要有效掌控越來越艱難，他們希望展現自己的力量，獲得別人的尊重，目的並非純粹是為了實際利益，更主要是為了實現自己的控制能力。他們把更多精力投射到自己身上，聚焦於別人是否服從，對外界的關注反而有所減少。

第六層級：強硬

處於第六層級的 8 號發現別人不會主動跟隨自己，而他們又希冀支配他人，於是開始主動採取高壓和對抗的辦法，試圖讓對手屈服，他們態度強硬，是頑強的對手。

暴力的破壞者

處於不健康狀態的 8 號是個控制失衡的人，他們對外界瘋狂控制，對自己放任自流，他們帶給周遭世界很大的壓力。對應的是 8 號發展層級的第七、第八、第九層級。

第七層級：亡命之徒

處於第七層級的 8 號，感覺別人已在公開疏遠自己和排斥自己，他們決不允許這一點，於是不斷向外界施加壓力，要將一切掌控在自己的手中。

第八層級：自大

處於第八層級的 8 號，其周遭的世界已經充滿殘忍和報復，他們的殘暴引起公然的反抗，別人開始主動發動攻勢，進而陷入激烈的鬥爭，並且自認為刀槍不入，成為萬能的自大狂。

第九章　8號領導者：強權的化身

第九層級：暴力破壞

處於第九層級的 8 號，發覺周遭的世界完全失控，自己也將被毀滅。此時，他們選擇在別人毀滅自己之前，先毀滅別人，他們是暴力的破壞者。

第十章
9號和諧者：犧牲自我的和平主義者

9號是九型人格中的和平主義者，他們心中最大的渴求是和諧，他們為了追求周圍的和諧，不惜犧牲自己的意志，成為一個跟隨者和沒有主見的人。

第十章　9號和諧者：犧牲自我的和平主義者

萬物各得其和以生

性格特徵：性情隨和，認同他人

- 善於傾聽，很好的調解者，能站在兩邊為對立的雙方說話。
- 關注他人的立場，富有同理心，但難以堅持自己的立場。
- 難以拒絕別人，但對於答應的事，可能藉由拖延來表達不同意。
- 善於欣賞事情好的方面，也能迅速發現他人的優點。
- 認同周遭的世界，不挑剔，所以適應能力比較強。
- 經常關注細枝末節的小事，重要的事情常常放到最後才做。
- 保持自己的慢節奏，不願改變，認為所有的事情都會隨時間自然解決。
- 傾向隱藏自己，不喜歡出風頭和爭名奪利。
- 性情隨和，很少發脾氣，但被輕視或被強迫時也會發火。
- 衣著樸實，動作表情平和，女性親切，男性憨厚，目光真誠。
- 講話慢吞吞，重點不突出，喜歡說「隨便、隨緣、不用太認真、你說呢、你決定吧」等話語。

性格分支：容易靠自我麻痺來轉移負面情緒

9號性格者常常隱藏自己的真實願望，轉而用其他感覺來替代它們，這樣他們就可以忘記自己的真實想法，而且不會感到特別壓抑。這種矛盾心理往往明顯表現在他們的情愛關係、人際關係及自我保護的方式上。

情愛關係：融合

9號在情愛關係中，通常慣於和對方融為一體，變得以對方為中心。如此一來，他們便常常把戀人的想法當作自己的想法，兩個人似乎變成了一個人，常常繞著戀人行動，把戀人的喜怒哀樂當成自己的喜怒哀樂。

人際關係：跟隨

9號在人際關係以及團體活動中，通常喜歡以團體的需求來代替自己的需求，這樣他們就不用考慮自己的需求。跟隨著團體，他們總有事情可以做，在其融入團隊的過程中，也可以忘掉自己本身的需求。

自我保護：愛好

愛好可以成為9號自我保護的一種手段，這些愛好有時候可以很微不足道小，比如說吃點零食、抽菸或者喝酒、不停地觀看無聊的肥皂劇，或者埋首於學習某種技藝。透過這些方法讓自己轉移心思，他們就可以逃避，並暫時忘記自己真正的需求，既然眼前有美酒，那麼就可以不去管什麼大敵在前的事情。

正能量：個性柔和，善解人意

亮點

▶ 善於調解衝突

▶ 毫不利己，專注利人

▶ 閒適的人生態度

第十章　9號和諧者：犧牲自我的和平主義者

- ▶ 善解人意
- ▶ 個性隨和，富有親和力
- ▶ 思想富有創意
- ▶ 善於捕捉亮點
- ▶ 適應能力強

對自己有利的做法

- ▶ 對自我的認同，不單靠別人的正向評價，也有自己的標準。
- ▶ 放棄迎合他人的習慣，常常思考做某件事是自己的本意，還是受環境影響。
- ▶ 當不知道自己要什麼時，透過排除法，排除自己不想要的。
- ▶ 花點時間找尋自己的立場，然後把自己的立場講出來，學會讓自己快樂。
- ▶ 自己心中有什麼想法，不要憋在心裡，不要模稜兩可，大膽地說出來。
- ▶ 學會縮小自己的關注點，不一次考慮所有問題，集中自己的精神和注意力。
- ▶ 學會擬訂計畫和安排時間，學習設定截止日期來集中精力。
- ▶ 關注眼前的小目標，而不是一味幻想虛空的夢想。
- ▶ 明白自己也會發怒和有破壞性，學習透過想像來發洩憤怒的方法。
- ▶ 明白和諧融洽不能解決所有問題，要學會利用有原則性的做法。
- ▶ 不要利用一些小愛好來麻痺自己，當自己要藉由看肥皂劇等事情轉移

情緒時，要及時意識到自己的這個徵兆。

▶ 當因依賴和迎合別人而出錯時，不要怪罪他人，要自我反省。

負能量：麻痺自我，逃避問題

局限點

▶ 缺乏積極主動精神

▶ 自我迷失

▶ 缺少自我規劃能力

▶ 志大才疏

▶ 優柔寡斷

▶ 害怕衝突，自我犧牲

▶ 逃避問題的鴕鳥

▶ 自我麻痺

對自己不利的做法

▶ 輕視自己，認為自己不能改變世界，不配有目標。

▶ 輕看自己在群體中的影響，不敢顯示自己的權威。

▶ 產生不良情緒或自己有想法時，不敢表達出自己的觀點。

▶ 喜歡老生常談，談話囉唆，該說的有保留，不該說的說一堆。

第十章　9號和諧者：犧牲自我的和平主義者

- 把他人的感受和願望變成自己的，擁有過多同理心。
- 依賴且迎合他人，出現問題就不斷埋怨他人的錯誤。
- 起初贊同他人並保留自己的意見，之後又消極抵抗，讓人難以信任。
- 把所有事情看得同等重要，以致錯過真正應該思考的事情。
- 不切實際、盲目樂觀，有不勞而獲或者期待奇蹟的心理。
- 做該做的事情時，不斷分心，以至於不能完成。
- 出現問題時，不去積極解決，不斷逃避，希望問題自己消失。
- 陷於慣性行為和思考方式，不能接受新情況和解決問題的新方法。
- 產生不良情緒時，習慣用選擇看電視、做家務等次要事項來轉移壓抑情緒。

如何讓「和諧」寶寶健康成長？

人人喜歡的乖孩子

　　9號孩子覺得只要自己乖乖的，就會贏得父母和周遭的人的喜愛，就能獲得恬靜愉悅的生活。他們認為只有把自己塑造成一個和善的形象，與別人融為一體，才能確保和諧、無憂無慮的生活，才能不被任何突如其來的事情打擾這份平靜。他們很害怕因為自己的想法與他人不同而引發衝突，更擔心會因此失去他人的關愛，因此習慣關注別人的反應，順從別人的要求，讓自己的行為遵照既有的模式，放棄自己的想法，以「我不想受到影響」的心態來緩解自己的壓抑，不斷降低自己的需求，這非常容易令9

號孩子喪失追求自我成長的動力。

父母要著重引導 9 號孩子將注意力回歸到自己身上，鼓勵他們多多發展自我意識，勇敢說出自己的需求，不要害怕與人發生衝突。要向 9 號孩子灌輸這個理念 ── 適當的衝突有利於事情的進步和發展，這非但不會令你步入險境，反而會贏得更多人的肯定和讚揚。需要注意的是，當 9 號孩子感到失落時，不要總是去安慰他們，因為他們已經在心裡過度自我安慰了，應當激勵他們誠實勇敢地面對問題，說出自己的想法，找出合理的解決方案，並遵循自己的計畫做出有效的行動。

激發孩子的鬥志

9 號孩子喜歡簡單、安靜、日復一日的生活，他們的情緒通常很穩定且性格包容，能讓人覺得欣慰。不過，在他們的世界裡，幾乎沒有一個能驅使他們努力奮鬥的中心目標，這是因為他們慣於將他人的感受和目標當作自己的，以此來尋求平衡和和諧。在這種慣性驅使下，他們就會不斷降低自我需求，漸漸隱藏自我意識。對於處於成長期的孩子來說，自我意識的發展程度直接影響到其將來的心理成熟程度和心理水準，還會影響其人格同一性的發展。顯然，這種貫性怠惰的模式如果不加以調整的話，就會對孩子將來的發展產生不可逆的影響。

父母要激發 9 號孩子的鬥志不能用簡單的刺激方法，例如拿其他孩子舉例反襯他們有多麼懈怠度日，否則 9 號孩子一定會為自己找出很合理的理由來繼續逃避問題。比較好的方式是，給他適當的時間，讓他鼓起勇氣說出內心的想法和想要做的事情，並真誠地表達認同和支持，而後給孩子更充裕的時間讓他來完善整個計畫。當他確定了整個行動的目標和計畫

第十章　9號和諧者：犧牲自我的和平主義者

後，就要向他傳達「爸爸（媽媽）希望你完成它」的訊號，以此來幫助他鼓起行動的勇氣，並且在行動的過程中，還要不忘提供源源不斷的鼓勵，做好孩子強而有力的精神後盾。

讓孩子學會自我規劃

9號孩子的自我評價偏低，因此他們不喜歡嚴格要求自己，也不願意擬定計畫，做什麼事情都習慣順其自然、慢吞吞，也就常常把生活弄得一團糟。作為9號孩子的父母，首先要幫助他們學會自我規劃。

父母需要注意培養9號孩子的系統思考能力，幫助孩子建立整體觀念、全局觀念，這是學會自我規劃做事的第一步。在孩子做一件事之前，要教會他首先知道自己要做什麼事，認清自己的目標。比如說孩子要折棉被，在他折棉被之前，鼓勵他先想像自己折好的被子會長什麼樣子，折的過程如何進行，然後再去做；比如說孩子要收拾書包，做之前就鼓勵他先想像自己收拾好的書包會是什麼樣子，收拾過程如何進行，然後再去做。這樣點點滴滴的小事，都可以培養孩子的系統思考習慣。

在此基礎上，父母要鼓勵9號每天提前做好計畫，並且按照方案實行，同時抽出時間檢查孩子計畫的落實情況，計畫全部落實，就表揚他，如果有計畫沒有落實，就幫他分析原因，鼓勵孩子進行下一步計畫，幫助他爭取做得更好。長久下來，9號就會成為一個獨立而自主的計畫高手。

教9號孩子關注自己的需求

9號經常附和他人的意見，即便這些意見是相互矛盾對立的。因此，很多家長會以為自己的孩子從小就是個兩邊倒、扶不正的「牆頭草」。其

實，這是因為9號孩子凡事都站在他人的立場和角度去看待和思考，以至於忘了自己的觀點。這是他們一貫的思考模式，因為只有當他們和他人表達相同想法時，他們才會覺得自己的行為符合維持外界和平寧靜的要求。出於這種行為思考模式和價值觀，9號從很小的時候就發展出了從不同角度理解不同對象心理的能力，他們能夠感受及理解不同立場的出發點，因此其隨聲附和的行為可以說是建立在理解的基礎之上。

9號很害怕衝突，當周遭的人出現對立的情況時，他們會感到特別左右為難，甚至害怕會因此破壞自己平靜的內心，因而他們總是迫不及待地試圖透過自己的妥協來避免衝突，保持周遭環境和自己內心的平靜。因此，父母要在讚賞9號孩子體貼的基礎上，幫助他們更加關注自己的需求，並勇敢表達自己的觀點，而不要一味地妥協和退讓。

培養孩子獨立自主的個性

雖然9號慣於配合和服從，但他們也有不願認同的時候。當9號出現不同的想法或意見時，不會去爭取，而是選擇刻意逃避和忽略自己來維持和平。當他們心底反對的聲音累積到一定程度時，他們仍舊會選擇一言不發地離開，不理不睬地轉身去做別的事情或是故意拖延、放慢動作，以此來宣洩心中的不滿，這種消極抵抗的行為常常引發他人的怒火。因此，9號讓別人發脾氣也是輕而易舉的事情。但9號不常發脾氣，因為他們會採取間接的方式宣洩自己的怒火，而一旦他們憤怒到必須直接發洩的話，就往往會具有火山爆發的效應，讓周遭那些已經習慣9號溫柔平靜性格的人大吃一驚。

作為9號孩子的父母，要懂得開導9號這種不願面對衝突的逃避心態，

第十章　9號和諧者：犧牲自我的和平主義者

改變他們貫性配合的人際交往方式，多問問孩子是否真的滿足於那種透過不斷滿足他人願望而獲得的人際關係和他人對自己的評價，藉以引導和啟發孩子學會自省。當他們意識到有不滿情緒時，可以多鼓勵他們坦誠地說出來。綜上所述，9號的家長有必要幫孩子建立這種意識：只有坦誠地向人展示出自己真實的一面，保持個性的獨立自主，才能獲得真正優良的人際關係，才能讓自己更受歡迎。

善於穩定團隊的協調者

為了和諧而避免表達自我的人

9號在權威關係中的關鍵問題就是和諧，他們對於表達自我有深深的恐懼，他們擔心表達自我會引發不和諧，所以他們總是避免表達自我。

9號的權威關係主要有以下特徵：

▶ 他們不會表達自我，經常會減少自己的活力和熱情，因此9號老闆或員工，常常看起來有點漫不經心，做事情從容不迫，時間安排也會前鬆後緊，後期經常出現加班趕進度的情況。

▶ 他們討厭多變的環境，因為多變代表著需要不斷表達自我的想法，而表達自我會帶來很多風險，按部就班的做法會讓他更有安全感，因為不用冒風險表達自己的選擇。

▶ 9號如果是老闆的話，通常喜歡自己的公司目標清楚、程序清晰。在這樣的環境中，他們不需要花費太多的精力進行選擇，也不需要浪費腦力主動思考。

> 善於穩定團隊的協調者

- ▶ 9 號員工也喜歡這種目標清楚、程序清晰的環境，他們不需要表達，自己的權益就可以得到維護，另外，對於工作的方法，他們也不需要特別去思考。如此一來，就可以讓他們感覺自由。
- ▶ 9 號常常覺得自己被困住了，自己被別人控制，成了別人的工具。
- ▶ 9 號不發表意見，但是不代表他們沒有想法，因為自己的意見被忽視，他們的內心會產生憤怒情緒。
- ▶ 他們的憤怒常常會埋在心裡，透過間接的形式表達出來，他們會選擇不用心工作、拖延來表達怒氣。另外，在自己無法忍受的時候，也會爆發怒火。
- ▶ 他們很容易和別人的觀點產生共鳴，即使是很多不同的觀點，他都能夠好好地理解它們，這樣的性格使得他們非常適合成為一個出色的協調人。
- ▶ 當團隊當中出現問題的時候，他們的參與時常可以穩定團隊。但是，他們在發現團隊的問題時，通常不會提出自己的看法和建議，因為他們認為自己說了也不會改變什麼。

適合的環境

9 號性格者獨特的性格特點，使得他們能良好適應某些環境：

9 號適合有固定程序的環境，在這樣的環境中，一切都有比較完善的安排，所有事情不用自己去操心就有固定模式，也不用煩惱自己的時間安排，一切都在有條不紊地進行著。

他們不認為例行公事很單調，反而會覺得這樣才可以不必胡思亂想，進而妥善發揮自己的創造力和熱情。這樣的工作通常是在辦公室中朝九晚

第十章　9號和諧者：犧牲自我的和平主義者

五的生活，或者也可以是那些需要不斷對具體細節加以關注的工作。這些工作簡單、平靜、穩定，一切都在預料之中，權責清楚，而人際關係比較簡單，通常是穩定機構中的穩定職位。

由於9號具備良好的協調能力，那些需要針對雙方衝突進行溝通的工作，也很適合他們。他們能夠充分理解發生衝突的雙方，並且能夠發現更多共同點，從而為促進穩定和諧的發展帶來福音。

不適合的環境

9號性格者獨特的性格特點，使其在一些環境中很難適應：

9號在那些管理者獨裁、人際關係複雜的地方難以有良好表現，在這樣的環境中，9號會感到極大的壓力，他們會覺得自己被逼迫，也可能感到孤立無援。在這樣的環境中，他們會變得負面，並排斥應盡的責任和義務。

那些需要快速調整自己、壓力大的工作也不適合他們，比如業務這樣的工作，具有高度挑戰性和不穩定性，9號會感覺難以適應。他們的行動力和執行力會變得比較弱，甚至會選擇逃避。

另外，對那些單純強調理論的工作，9號也不太感興趣，他們更希望看到具體的細節和清晰的事物，並更加關注於理論和實踐相結合的工作。

幫助老闆營造和諧環境

在9號看來，世界上的事物都是互相連繫、互為因果的，我們誰也不可能孤立存在，更不可能獨自完成一件事。人與人之間自然而然具有合作關係，個人利益是在普遍利益得到保障的前提下實現的。因而在9號的眼

中，人與人並不一定要拚個你死我活才行，曲直高低也不一定要分得清清楚楚，倒不如用一顆互相關懷、互相包容的心對待彼此，那麼所有人都會從中受益。

對於9號老闆來說，他們更希望自己的機構內外和諧，並將營造融洽的工作氣氛視為工作中的重要事項，他們不僅要求自己與他人和諧，也希望周遭的人都能保持這種和諧。因此，作為9號老闆的下屬，在平時與他人相處時，你需要保持和藹可親的態度，不要過度表現自己的強勢和堅持，與人為善，幫助老闆營造這樣的和諧環境，才容易贏得他們的信任。

幫助員工設定工作目標

9號員工的缺點是目標性差，也不善於將目標分解，設定階段性目標，所以他們的注意力常常被不重要的事情打亂，甚至完全忘記自己的目標。

領導者在為9號員工安排工作的時候，一定要幫助他們設定工作目標。你可以告訴他們工作的任務要求、其所承擔的工作對整個項目的意義、具體責任是什麼，以及在工作過程中，什麼是重要的、什麼是次要的，並引導他們思考具體的流程應該如何進行、各階段時間點應該掌握什麼情況。如此一來，就可以幫助他們辨明自己的大目標，以及各階段的小目標。在目標清楚之後，他們的行動通常很有效率。

團體和權威對客戶的吸引力

9號對於他人通常具有高度認同感，在團體中，他們常常會融入其中，放棄自己的個人意志。由此可見，9號喜歡跟隨多數人的意見走，他們認為多數人的意見往往是對的，常常缺乏分析，不做獨立思考。因此業務員

第十章　9 號和諧者：犧牲自我的和平主義者

可以在他們猶豫不決的時候，利用別人的購買體驗去吸引他們，也可以安排他們去和已購買產品的人交流，或是拿一些客戶數據給他們看，他們就會覺得有安全感，並且願意購買。

9 號喜歡認同權威人物，因此進行銷售時，業務員應該學會利用權威的力量，如果你能接觸到他們重視的人或生命中重要的人，直接或者間接地透過這些人，通常可以更快地取得進展。此外，業務員還可以向 9 號客戶著重介紹產品的高階專業認證，比如 ISO 認證、品牌排名報告或知名媒體的廣告等，往往能促使他們對產品產生信賴感。

在愛情中處處忍讓

為情所困的人

9 號在親密關係中，通常喜歡把注意力集中到對方身上，與對方融合，喪失自己的意志，一切圍繞著伴侶轉。但他們外在的順從常常伴隨著內在的不滿足，因為內心的空缺，自我意志無法伸展，兩人關係也因此潛藏不少對立想法。

一般來說，9 號的親密關係主要有以下特徵：

▶ 9 號常把伴侶的興趣、愛好和需求當作自己的，一切圍繞著伴侶轉，彷彿自己和伴侶就是同一個人。

▶ 9 號可能因為對方的行動深受鼓舞，並且深深陷入其中，但他們也可能因為很不認同對方，從而頑固地與對方僵持和抗爭。

▶ 9 號能夠輕而易舉地感受戀人的感覺，但是很難發現自己的感覺。

- 9號常常把雙方關係的控制權交給對方,讓對方做決定,如果對方的決定沒有產生好的效果,他們會因此而抱怨。
- 9號總是能夠強烈地感受到戀人的願望,並且會為實現對方的願望而不斷努力,甚至把對方的願望變成自己生活的動力。
- 9號一旦陷入一段關係,就很難放手,分手就像割肉一樣,這代表著自我認同的一部分消失了。
- 9號即使和戀人在一起味同嚼蠟,也會習慣性地維持關係,他們習慣忽視自己的真實願望。
- 9號如果想要擺脫一段關係,經常會猶豫不決,既不想分手,又不願好好過日子,處於不斷煎熬之中。
- 9號如果沒有找到依靠,可能會不加選擇地四處留情,或者參加一些活動來麻痺自己,忘記自己的真實需求。

遇到愛,就果斷做出決定

9號的情感通常很曖昧,不敢大膽表達出來,拖泥帶水。他們總是在逃避關鍵事物,在無關的東西上浪費時間,不敢直接進入主題,或者表明自己的態度。這種拖泥帶水的態度一直伴隨著他們的感情,他們不能迅速果斷地做出感情上的決定。他們表達得慢,答應得慢,拒絕得也不快。

因為拖拖拉拉,他們常常喪失追求理想愛人的機會,一輩子只能和一個自己不愛的人共同生活;面臨當下不完美的愛情,他們總是在猶豫,把感情當作習慣,習慣有人陪、有人在身邊。只是不習慣交往的人突然從自己的生活中消失,也就喪失了生命中遇到真愛的機會。

這樣的態度使得他們不僅耽擱自己的生命,也影響別人的幸福,他們

第十章　9號和諧者：犧牲自我的和平主義者

拖泥帶水地耗著，從來不能做出乾淨俐落的決定，分開就分開，戀愛就戀愛，這種態度實在是令人著急。因此，9號在愛情中首先要解決的問題就是拖拖拉拉。

有想法，就大膽說出來

9號為了息事寧人，總是放下自己心中的想法，向別人的意見屈服，因此常被他人的意見左右，逐漸喪失自己的立場。在愛情中，他們也是如此，總是把戀人的想法當成聖旨一樣供奉起來，卻不說出自己的立場。

他們以為自己這樣的做法利人利己，因為自己的小損失，換來大家真正和諧的關係，但是他們卻忽視並壓抑了自己的立場，常常會帶給愛情雙方很多問題，影響感情的深化和發展。

他們意識不到，自己表面壓抑，其實內心在不斷反抗，自己沒有真正地愛自己，也就使得自己無法真心地去愛另外一個人，自己的付出是被動而不是主動的，被動的時候自己是不幸福的，愛人也能感受到你沒有誠意。另外，當愛人想要表達對你的愛時，你卻不說出自己的想法，總是一副無所謂的樣子，也會讓對方覺得很無趣，由於過度欠缺溝通，也會導致誤會叢生。

因此，9號要學會大膽說出自己的立場，毫不動搖。如此一來，他們不僅可以實現自己的想法，也能贏得愛人更多尊重。

學會正確宣洩負面情緒

9號本身常常會為了和愛人和諧相處，不斷忍讓自己的愛人，把自己的想法等意識都壓下去，表面上他和自己的愛人風平浪靜，但是內心卻已經是

波濤洶湧。這樣的情況只會為雙方關係埋下隱患,也會在長期的生活中,帶給雙方很大的傷害。

所以,9號應該學會洞察和宣洩自己的憤怒,這樣才能真正理解自我,想問題或做事情才能真正擁有自己的視角,才能作為一個獨立的個體進入雙方的關係中。這樣的人才是成熟的,如此這般才能形成真正和諧的關係。

當9號遇到情緒困擾時,不妨找老師、同學或親朋好友,向他們傾訴自己的積鬱情緒。除了傾訴,還可以選擇很多方法來宣洩情緒。如果你喜歡運動,可以在生氣和鬱悶的時候拚命跑步、使勁打球,或者打沙包 —— 把使你生氣的人想像成沙包;如果你喜歡音樂,心情不好時可以聽聽讓人愉快的音樂,音樂會把你帶入另一個時空,然後,你會發現讓你不快的事情已經沒有那麼嚴重了;你也可以到KTV裡去放聲高歌,你的不快情緒就會隨著歌聲衝上雲霄;另外,走入大自然也可以使人心情舒暢。

受歡迎的人

堅信沉默是金

9號在溝通的過程中注重和諧,他們希望透過溝通來維持周遭世界的和諧局面,並保持自己的內心不被打擾。因此他們在談話時,總是從對方的角度去著想,不敢表現自我,他們認為一旦表現自我,就可能對別人造成威脅。他們的平和態度,常常可以讓那些親近的人很放鬆,感覺不到任何壓力,也能夠盡情地表現真實的自我,這也是9號之所以受人歡迎的重要原因。但從另一個方面來說,他們不表露自我,也常常讓自己不為他人

第十章　9號和諧者：犧牲自我的和平主義者

所知，成為被忽略的角色，他們就坐在安靜的角落裡，大家誰也注意不到他們。這樣的溝通模式常常會讓9號失去表達自我、展現自我的機會。失去了強大的自我，人生就會顯得平淡，生命也會因此缺乏熱情和創造力。

但是，9號的沉默，並不代表他們的內心沒有想法，他們的內心可能有很多情緒、極不平靜。即使自己不說出口，他們也希望別人能夠真正了解自己。於是，會出現一些情況，那就是9號說自己沒有意見，但是在往後的日子裡，你卻發現他們從來不積極去做某件事，這時人們就會明白，9號的默許只是為了追求和諧，並不代表贊同。所以，人們和9號進行交流的時候，一定要留意他們的特點，要懂得鼓勵他們表達自己的觀點，要有耐心地引導他們說出自己的想法，因為要他們說出自己的想法，是很困難的一件事，但是，一旦開始述說，你就會發現，他們能說出很多你不知道的東西。

9號經常發出的4種訊號

9號性格者常常以自己獨有的特點向周遭世界發出自己的4種訊號：

正面的訊號

9號是樂於付出的群體，他們內心細膩，能敏銳地察覺別人的需求，並能夠為了滿足他人而不斷給予、不斷付出、不斷做出自我犧牲，這往往讓他們感到平和，而在和平的氛圍裡，他們也能擁有快速的行動力。

負面的訊號

9號雖然通常沒有堅定的立場，但是不代表沒有自己的看法；儘管他們不斷妥協，但是表面的妥協背後常常有一顆倔強的心。他們看似對你的意見很贊同，但卻總是行動遲緩、消極抵抗。

▌混合的訊號

9號害怕衝突，所以常常接受別人的請求，這種訊號是模糊的，常常讓其他人誤會，以為他會真的去幫你做某些事情，但是實際上，卻很可能只是在敷衍，他們並不想去做這些事，但是他們也不願意去拒絕，不希望因為拒絕影響所謂的和諧。

▌內在的訊號

9號內心的訴求被壓抑，他們在現實面前，常常逼迫自己試著融入他人、選擇妥協，害怕因為自己的堅持引發衝突，但他們也為不能實現自己的想法而憤怒。他們常常會在答應別人之後，中途意識到自己的真實意願，但是陷入已經承諾的牢籠。他們很難出口拒絕，但有時候也會鼓起勇氣，表達自己的真實意願，這時候他們的內心會無比輕鬆。

抓住9號想要表達的核心思想

9號和人交流時，常常會有一個特點：總是提供過量的資訊。一旦開始說話，他們說的東西總是要超過你所需要的，你會覺得他們像在一條一條地列舉，但是你卻不知道重點是什麼。而且他們似乎喜歡繞著圈子打轉，從來不直接針對問題進行解答，他們從來不會直接涉及核心。這一點有點像寫散文，對於每一個思想，總是委婉地表達。

這是因為他們常常會站在各個角度，而不是站在一個固定的角度去看待問題，他們蒐集的資訊常常是百科全書式的資訊。對於一個問題，他們通常喜歡了解和掌握有關它的所有資訊，這些資訊因為沒有一個中心架構，通常相當零散，也會讓人感覺非常煩瑣。但是9號依然時常擔心，自己是否掌握了所有資訊。

第十章　9號和諧者：犧牲自我的和平主義者

人們在和9號溝通時，就需要極強的言語提煉能力，並適當運用引誘發問法，去限定資訊，才能迅速抓住9號想要表達的核心思想，也就不會讓自己被9號弄得暈頭轉向了。

讓他自動自發地做事

9號有一個特點，他們表面順從，但是內心強硬，可以表面上爽快答應事情，但是實際執行時卻並不盡心盡力。他們這樣的特點源於他們的妥協，他們為了和諧，習慣犧牲自己的想法和願望，這樣的結果便是做事情的時候，內心充滿不滿。

因此人們在與9號交往時，要避免使用命令的方式，因為這樣會促使9號內心的不滿情緒上升，甚至會轉變成憤怒，並引發他們一連串的消極抵抗行為。相反地，如果採取建議的方法，則會讓他們感覺到你對他們的認可，並從內部產生動力，會自發地願意幫助你，他們的意願和你的意願會相互交集，你們共同的意志能讓他們願意自動自發地幫你做事。

給和諧者的建議：不要失去自我

根據對9號性格者發展情況的分析，可以將其劃分為三種狀態：健康狀態、一般狀態、不健康狀態。在不同的狀態下9號表現出不同的性格特徵。

和平的使者

處於健康狀態的 9 號是個平衡發展的人，他們常常能夠將自己和周遭環境的關係處理得很好，他們的內心不再充滿對衝突的恐懼，能夠真正地接納自我存在的意義，能夠真正地愛著自己，也真正地愛著別人，成為真正的和平使者。這種狀態對應的是 9 號發展層級的第一、第二、第三層級。

▎第一層級：自制

處於第一層級的 9 號是個達到完全自制的人，他們能夠完全地掌控自我，並且和整個世界和諧地融合在一起，他們找到了自己內心平靜的鑰匙，可以控制自己的內心，而且能夠帶給這個世界平靜。

▎第二層級：感受力

處於第二層級的 9 號自我的地位有所降低，他們對於無我的境界相當有感覺，並讚嘆無我的偉大，強調自己是大自然的一部分，對世間萬物總能用無私的眼光去看待，對整個世界相當有感受力。

▎第三層級：平和

處於第三層級的 9 號是平和的，他們自我的地位相對於第二層級有所下降，他們能夠接受周圍的一切，但是也認為和平應該是生活中的主幹，他們希望這個世界的生活當中充滿和平，並願意為之不斷努力和奮鬥，因為有了他們，世界才會更加和諧地運行下去。

第十章　9號和諧者：犧牲自我的和平主義者

降低自我，順從他人

處於一般狀態的9號，其自我地位開始下降，他們把周遭環境和他人的利益看得比自己更高。他們的內心恐懼，如果自己強調自我，那麼周遭的世界將會不再平靜，只有把自我降低或忘掉，讓自己完全站在另外一個人的立場，才不會有衝突，才會有永遠的和平。這種狀態對應的是9號發展層級的第四、第五、第六層級。

第四層級：遷就

處於第四層級的9號，相比前三個層級，已經下降到一般狀態，原因在於從這個層級開始，9號與自我開始分裂，和他人的關係也開始處於比較畸形的狀態。在這個層級時，9號的主要特點是謙讓，總是充當遷就的那個人。

第五層級：置身事外

處於第五層級的9號，自我地位進一步降低，他們覺得自己不能改變什麼，覺得如果要做什麼事，自己的內心就會不平靜。他們試圖逃避問題，希望事情能夠自己完成，即們在做一件事，也絕對是心不在焉的。他們和自己要解決的問題產生距離，成為一個置身事外的人。

第六層級：宿命論

處於第六層級的9號，為了追求平靜的內心，面對問題的時候，不是想著對抗。他們想的是，把這一切視為命運的安排，自己不用動手做，說不定還會發生奇蹟呢。他們是宿命論者，孤立於世、隱而不出，他們認為只要耐心等待，一切都會好起來。

迷失自我，人格被壓力擠碎

在不健康狀態下，9號常常會有丟棄自我的危險，他們忽略自己存在的意義，開始不再迎合別人，把自己和他人完全隔離開來。此時此刻，他們開始進入既不關心自己，也不關注別人的狀態。這種狀態對應的是9號發展層級的第七、第八、第九層級。

第七層級：逆來順受

處於第七層級的9號，依然是關注自己內心的和平，為此，他們甚至不願意承認有問題存在，而當外界因為他們沒有盡到責任，給他們許多懲罰時，他們常常會選擇逆來順受、不去反抗，既然內心的和平那麼重要，那麼選擇逆來順受就好了。

第八層級：精神抽離

處於第八層級的9號，現實的壓力已經達到了自己無法承受的地步，他們依然不願意去面對，並固守內心的和平理念。他們讓自己的思緒和感情轉移，彷彿靈魂出竅，如同機器人一般的存在，他們已經捨棄了自我意志。

第九層級：自暴自棄

處於第九層級的9號，其承受的壓力超過了自己的底線，內心和精神在重重壓力的擠壓之下，最終被壓碎。他們的人格開始破碎，脫離了自己的和平理念，脫離了自己一直害怕失去的他人，卻也把自己完全捨去了。

第十章　9號和諧者：犧牲自我的和平主義者

第十一章
九型人格測試法

　　九型人格是一種性格測試工具,六種測試法,讓你快速認知自己、辨別他人。

第十一章　九型人格測試法

史丹佛測試法

　　九型人格測試權威來自美國史丹佛大學的科學研究，如今這門科學研究已經在國際上開始流行，並被世界500強企業領導者用來作為安排員工職位的重要參考指標。

　　下面開始九型人格的測試，藉此來了解我們自身與周遭的他或她。在做九型人格測試題目之前，你需要注意以下幾點：

　　1.108道題目要憑藉第一直覺選擇，不要有過多權衡，因為每種性格的背後都有好有壞。這樣忠實地記錄，只是為了更準確地了解你自己。

　　2.在你認為符合你的陳述前面打「✓」，小心遮住每個陳述後面的數字。

　　3.然後計算你所選擇的每個陳述後面的數字，例如你的選擇中包括「1」、「12」、「15」這三項，而它們後面都是9，那麼答案就是3個9。以此類推，你選的哪種數字最多，對照答案便能知道自己是九型人格中的哪一種。

　　4.數字最多的只是你的主要性格，還要參照其他較多數字所對應的人格類型，並閱讀全書，會獲得更詳細、準確的資訊。

九型人格測試題目

☐　1.我很容易困惑。9

☐　2.我不想成為喜歡指責別人的人，但很難做到。1

☐　3.我喜歡研究宇宙的原理、哲理。5

- ☐ 4. 我很在意自己是否年輕，因為那是找樂子的本錢。7
- ☐ 5. 我喜歡獨立自主，一切都靠自己。8
- ☐ 6. 當我有困難時，我會試著不讓別人知道。2
- ☐ 7. 被人誤解對我而言是一件十分痛苦的事。4
- ☐ 8. 施比受會使我擁有更大的滿足感。2
- ☐ 9. 我常常設想最糟的結果而使自己陷入苦惱中。6
- ☐ 10. 我常常試探或考驗朋友或伴侶的忠誠。6
- ☐ 11. 我看不起那些不像我一樣堅強的人，有時我會用種種方式羞辱他們。8
- ☐ 12. 身理上的舒適對我而言非常重要。9
- ☐ 13. 我能接納生活中的悲傷和不幸。4
- ☐ 14. 別人不能完成其分內工作，會令我失望和憤怒。1
- ☐ 15. 我時常拖延問題，不去解決。9
- ☐ 16. 我喜歡戲劇性、多彩多姿的生活。7
- ☐ 17. 我認為自己的性格非常不完美。4
- ☐ 18. 我對感官的需求特別強烈，喜歡美食、服裝、身體的觸覺刺激，並縱情享樂。7
- ☐ 19. 當別人請教我一些問題，我會鉅細靡遺地為他清楚分析。5
- ☐ 20. 我習慣推銷自己，從不覺得難為情。3
- ☐ 21. 有時我會放縱並作出僭越的事。7
- ☐ 22. 無法幫助別人會讓我覺得痛苦。2

第十一章　九型人格測試法

☐　23. 我不喜歡人家問我廣泛、籠統的問題。5

☐　24. 在某方面我有放縱的傾向（例如食物、藥物等）。8

☐　25. 我寧願配合別人，包括我的伴侶，也不會反抗他們。9

☐　26. 我最不喜歡的事就是虛偽。6

☐　27. 我知錯能改，但由於執著好強，周遭的人還是感覺到壓力。8

☐　28. 我常覺得很多事情都很好玩、很有趣，人生真是快樂。7

☐　29. 我有時很欣賞自己充滿權威，有時卻又優柔寡斷、依賴別人。6

☐　30. 我習慣付出多於接受。2

☐　31. 面對威脅時，我一邊變得焦慮，一邊對抗迎面而來的危險。6

☐　32. 我通常是等別人來接近我，而不是我去接近他們。5

☐　33. 我喜歡當主角，希望得到大家的注意。3

☐　34. 別人指責我，我也不會回應和辯解，因為我不想發生任何爭執與衝突。9

☐　35. 我有時期待別人的指導，有時卻忽視別人的忠告，直接去做我想做的事。6

☐　36. 我經常忘記自己的需求。9

☐　37. 在重大危機中，我通常能克服對自己的質疑和內心的焦慮。6

☐　38. 我是個天生的業務員，說服別人對我來說是一件輕鬆的事。3

☐　39. 我無法相信一個我始終都無法了解的人。9

☐　40. 我喜歡依慣例行事，不太喜歡改變。8

☐　41. 我很在乎家人，在家中表現得忠誠且包容。9

- ☐ 42. 我被動且優柔寡斷。5
- ☐ 43. 我很有包容力、彬彬有禮，但跟人的感情互動不深。5
- ☐ 44. 我沉默寡言，好像不會關心別人一樣。8
- ☐ 45. 當沉浸在工作或我擅長的領域時，別人會覺得我冷酷無情。6
- ☐ 46. 我常常保持警覺。6
- ☐ 47. 我不喜歡要對人盡義務的感覺。5
- ☐ 48. 如果不能完美地表達，我寧願不說。5
- ☐ 49. 我的計畫比我實際完成的還要多。7
- ☐ 50. 我野心勃勃，喜歡挑戰和登上高峰的感覺。8
- ☐ 51. 我傾向於獨斷專行並自己解決問題。5
- ☐ 52. 我常常感到被遺棄。4
- ☐ 53. 我常常表現得十分憂鬱的樣子，充滿痛苦且內向。4
- ☐ 54. 初次見到陌生人時，我會表現得很冷漠、高傲。4
- ☐ 55. 我的臉部表情嚴肅而生硬。1
- ☐ 56. 我的情緒飄忽不定，常常不知自己下一刻想要做什麼。4
- ☐ 57. 我常挑剔自己，期望不斷改善自己的缺點，以成為一個完美的人。1
- ☐ 58. 我的感受特別深刻，並懷疑那些總是很快樂的人。4
- ☐ 59. 我做事有效率，也會找捷徑，模仿力相當強。3
- ☐ 60. 我講道理、注重實用。1
- ☐ 61. 我有很強的創造天分和想像力，喜歡將事情重新整合。4

第十一章　九型人格測試法

- [ ] 62. 我不要求得到很多的注意力。9
- [ ] 63. 我喜歡每件事都井然有序,但別人會認為我過分執著。1
- [ ] 64. 我渴望擁有完美的心靈伴侶。4
- [ ] 65. 我常誇耀自己,對自己的能力十分有信心。3
- [ ] 66. 如果周遭的人行為太過分時,我必定會讓他難堪。8
- [ ] 67. 我外向、精力充沛,喜歡不斷追求成就,這使我的自我感覺良好。3
- [ ] 68. 我是一位忠實的朋友和夥伴。6
- [ ] 69. 我知道如何讓別人喜歡我。2
- [ ] 70. 我很少看到別人的功勞和優點。3
- [ ] 71. 我很容易知道別人的功勞和優點。2
- [ ] 72. 我嫉妒心強,喜歡跟別人比較。3
- [ ] 73. 我對別人做事總是不放心,指責一番後,會再自己動手做。1
- [ ] 74. 別人會說我常戴著面具交際。3
- [ ] 75. 有時我會激怒對方,引來莫名其妙的爭執,其實是想試探對方愛不愛我。6
- [ ] 76. 我會極力保護我所愛的人。8
- [ ] 77. 我常常刻意保持興奮的情緒。3
- [ ] 78. 我只喜歡與有趣的人為友,卻懶得理那些悶葫蘆,即使他們看起來很有深度。7
- [ ] 79. 我常往外跑,四處幫助別人。2

- ☐ 80. 有時我會講求效率而犧牲完美和原則。3
- ☐ 81. 我似乎不太懂幽默,沒有彈性。1
- ☐ 82. 我待人熱情而有耐性。2
- ☐ 83. 在人群中我時常感到害羞和不安。5
- ☐ 84. 我喜歡效率,討厭拖泥帶水。8
- ☐ 85. 幫助別人達到快樂和成功是我重要的成就。2
- ☐ 86. 付出時,別人若不欣然接納,我便會有挫折感。2
- ☐ 87. 我的肢體表現僵硬,不習慣別人熱情地付出。1
- ☐ 88. 我對大部分的社交集會不太有興趣,除非是我熟識和喜愛的人。5
- ☐ 89. 我時常有強烈的寂寞感。2
- ☐ 90. 人們很樂意向我傾訴他們所遭遇的問題。2
- ☐ 91. 我不但不會說甜言蜜語,而且別人也會覺得我不斷嘮叨。1
- ☐ 92. 我擔心自由被剝奪,因此不愛許下承諾。7
- ☐ 93. 我喜歡告訴別人我所做的事和所知的一切。3
- ☐ 94. 我很容易認同別人所做的事和所知的一切。9
- ☐ 95. 我要求光明正大,為此不惜與人發生衝突。8
- ☐ 96. 我很有正義感,有時會支持不利的一方。8
- ☐ 97. 我因注重小細節而效率不高。1
- ☐ 98. 比起憤怒,我更容易感到沮喪與麻木。9
- ☐ 99. 我不喜歡那些具有侵略性或過度情緒化的人。5
- ☐ 100. 我非常情緒化,一天中喜怒哀樂不斷變化。4

241

第十一章　九型人格測試法

☐ 101. 我不想讓別人知道我的感受與想法，除非我自己告訴他們。5

☐ 102. 我喜歡刺激和緊張的關係，而不是穩定和依賴的關係。1

☐ 103. 我很少用心去聽別人談話，只喜歡說俏皮話和笑話。7

☐ 104. 我是循規蹈矩的人，秩序對我而言十分有意義。1

☐ 105. 我很難找到使我真正感到被愛的關係。4

☐ 106. 假如我想要結束一段關係，我不是直接告訴對方就是激怒他讓他離開我。1

☐ 107. 我溫和平靜、不自誇、不愛與人競爭。9

☐ 108. 我有時善良可愛，有時又粗野暴躁，很難捉摸。9

測試結果：

記錄下你所得的數字：

「1」共有（　）個，對應 1 號完美型

「2」共有（　）個，對應 2 號給予型

「3」共有（　）個，對應 3 號實做型

「4」共有（　）個，對應 4 號浪漫型

「5」共有（　）個，對應 5 號沉思型

「6」共有（　）個，對應 6 號懷疑型

「7」共有（　）個，對應 7 號享樂型

「8」共有（　）個，對應 8 號領導型

「9」共有（　）個，對應 9 號和諧型

胡挹芬測試法

美國九型人格學院創辦人唐・理查德・里索（Don Richard Riso）的親傳弟子，臺灣首位獲得「九型人格學」國際認證講師資格，美國九型人格學院臺灣分校負責人胡挹芬在其著作《九型人格心靈密碼學》一書中提出了一套九型人格快速測試題目，希望幫助人們快速確定自己的人格類型，從而幫助自己更準確地認知自己、理解他人。

下面，我們就開始來介紹這套獨特而快速的九型人格測試方法：

測試提問

問自己一個問題：「當你遇到不愉快的事情時，通常會做出什麼樣的反？」

下面，將提供三個答案供你選擇：

第一個答案：習慣性地先不發作，會自我要求冷靜並繼續觀察對方反應再說；也可能忍到有一天一口氣爆發。一旦對某人不滿，你可能會變得比較冷淡，甚至與對方冷戰。

第二個答案：習慣性地認為「有什麼問題都可以解決」。比較樂觀隨和，不喜歡爭吵，也不認為人與人之間有什麼過不去的事情。就算對某人不滿，也會極力避免當場發飆的情況發生。

第三個答案：習慣性地讓情緒主導，堅持要把事情一次說清楚，而常常把情況弄得更僵。只有當情緒發洩後，你才會慢慢恢復理智。只要對某人不滿，大家一定都能感受到你的「怒氣」。

第十一章 九型人格測試法

第一個答案的解析

當你選擇了第一個答案後,即被歸為九型人格中的 1 號完美者、3 號實做者和 5 號沉思者一組,而要確定你的最終人格類型,還需要看這三類人格的具體特徵。

如果你不喜歡亂無章法,堅持用正確的方法做事,看到不對的事情總要去糾正,最怕自己做錯事或道德品性上有瑕疵,那麼你是 1 號完美者。

如果你不喜歡默默無聞,樂於努力工作以賺取相應的報酬,強調有效率與成功者的形象,最害怕輸給別人,那麼你是 3 號實做者。

如果你不喜歡依賴他人,熱衷心智思考,善於觀察並有收集特定事物的習慣,特別在意自我空間,最害怕被臨時打擾,那麼你是 5 號沉思者。

第二個答案的解析

當你選擇了第二個答案後,即被歸為九型人格中的 2 號給予者、7 號享樂者和 9 號和諧者一組,而要確定你的最終人格類型,還需要看這三類人格的具體特徵。

如果你不喜歡冷清,並且善良、樂於助人,有時甚至熱心過頭、過度干涉別人的生活,喜歡和朋友聚會,最害怕被別人拒絕和排斥,那麼你是 2 號給予者。

如果你不喜歡受限制、容易衝動行事、勇於嘗試新鮮事物,認為多彩多姿的新活動是生活動力的來源,最害怕枯燥無聊的生活,那麼你是 7 號享樂者。

如果你不喜歡衝突與緊繃情況,有時太過順應他人而顯得缺乏主見,嚮往與世無爭的生活,最害怕自己被要求改變,那麼你是 9 號和諧者。

第三個答案的解析

當你選擇了第三個答案後,即被歸為九型人格中的 4 號浪漫者、6 號懷疑者和 8 號領導者一組,而要確定你的最終人格類型,還需要看這三類人格的具體特徵。

如果你不喜歡沒有個人特色,努力透過美的事物來表現自己,總是浪漫而情緒多變,期待一些不切實際的事情,最害怕被人拋棄,那麼你是 4 號浪漫者。

如果你不喜歡太突出,凡事想很多,希望自己有充分的應變準備,容易過度悲觀,心意搖擺不定,最害怕沒有人可以讓你依靠,那麼你是 6 號懷疑者。

如果你不喜歡軟弱無能,自己很有主見與意志力,喜歡路見不平拔刀相助,有時卻太過獨斷專橫,過度想掌控局面,最害怕被他人控管,那麼你是 8 號領導者。

習慣測試法

九型人格認為,人們的直覺源自於他們習慣關注的東西,因此,人們可以透過認知自己習慣關注的東西來判斷自己的人格類型。

測試提問

問自己一個問題:「你習慣關注的東西是什麼?」

下面,有 9 種答案供你選擇:

第十一章　九型人格測試法

1. 錯誤的事情

2. 他人是否需要幫助

3. 利益

4. 個性

5. 自己的空間

6. 每件事的可靠性

7. 好玩的事物

8. 權力

9. 他人的選擇

答案 1 的解析

如果你選擇答案 1，那你是 1 號完美者。

1 號常常發現生活中充滿了錯誤，他們時常能發現完美的可能，並且會迫不及待地去修改，並渴望一個沒有錯誤的環境。但是當他們內心不再比較和評論時，他們就可能獲得「感到正確」的直覺，在一個完全正確的解決方式面前，他們會顯得異常放鬆，甚至會說：「這一切是多麼完美呀！」

答案 2 的解析

如果你選擇答案 2，那你是 2 號給予者。

2 號的直覺源自於他們對於他人需求的密切關注，因此他們往往能夠理解他人最深層的感受，並及時給予認同，因此也就容易獲得他人的好感。當然，只有 2 號性格者才能分辨出他們對於他人需求的這種敏感度，

到底是本能使然,還是後天環境迫使他們換位思考得來的感覺,又或者是他們的憑空猜想而已,外人是難以了解其中奧祕的。

答案 3 的解析

如果你選擇答案 3,那麼你是 3 號實做者。

3 號性格者的直覺源自於他們對於成功的密切關注,因此他們對於影響成功的因素具有敏銳的感知能力,習慣將身邊的人與事分成兩種——有價值的和無價值的,並努力去追求那些有價值的、能帶給他們成功的人和事,而忽略那些無價值的人和事。這種對環境的敏銳觀察常常使 3 號受益良多,給予他們極大安全感和成就感。尤其對於從事商業業務的 3 號來說,效果十分突出。

答案 4 的解析

如果你選擇答案 4,那麼你是 4 號浪漫者。

4 號的直覺源自於他們對於遙遠對象的密切關注,並渴望與其建立情感連繫,這種習慣往往能帶給 4 號一些令人吃驚的連帶作用。也就是說,儘管 4 號與朋友相隔千里,也能真切體會到對方的感覺,就好像身處於同一個屋簷下。此外,他們還相信自己的情緒會根據遠方對象的感受而改變。

答案 5 的解析

如果你選擇答案 5,那麼你是 5 號沉思者。

5 號性格者的直覺源自於他們對於距離感的密切關注。也就是說,當 5 號被冥想所吸引時,他們往往會選擇分離性的練習,比如使用印度最古老的自我觀察技巧——內觀的方法,透過觀察自身來淨化身心。這種

第十一章 九型人格測試法

方法強調的都是透過把心淨空，釋放思想和其他干擾，來培養內心的觀察力。

答案 6 的解析

如果你選擇答案 6，那麼你是 6 號懷疑者。

6 號性格者的直覺源自於他們對於安全感的密切關注。從小以來，6 號都致力於幫助自己擺脫情感上的恐懼。他們生存的一項重要策略就是察覺那些潛在的威脅。6 號性格者總是對他人沒有表達出來的意圖特別敏感，他們說自己會因為他人不承認的感覺而害怕，並相信自己看到的一切都是真的。因此，具有自我意識的 6 號知道自己常常會把自身的敵意歸咎於他人。

答案 7 的解析

如果你選擇答案 7，那麼你是 7 號享樂者。

7 號性格者的直覺特點是喜歡聯想，他們總是把新消息置於相互關聯的多個脈絡中。當他們發現一個新問題，通常不會從這個問題著手，而是先把中心問題放一邊，從一個完全沒有關係的事物或場景切入，進行思考和判斷，再慢慢引到正題上。他們一般是在不斷聯想中，突然發現事物真正的奧妙。透過不同的場景、不同的角色、不同的事物來多方表現自己的主題，他們是透過繞圈尋找真理的行家。

答案 8 的解析

如果你選擇答案 8，那麼你是 8 號領導者。

8 號性格者的直覺源自於習慣關注的東西，他們常常關注權力和控制，喜歡展示自己的力量和能力。他們似乎充滿能量，總感覺自己似乎比

現狀更強大。他們常常依賴誇大的自我認知,即使本身沒有那麼強大,但是卻似乎總是將全身放大一般,這種感覺影響他們的精神想像,也帶給他人類似的感受。他們天生具有征服周遭世界的氣場。

▌答案 9 的解析

如果你選擇答案 9,那麼你是 9 號和諧者。

9 號的直覺源自於他的關注點,他們常常能夠感覺到周遭的人的想法、周遭環境的狀況,因此,他們總是把自己的想法和他人的想法混合,導致無法區分出自己的想法。他們的自我感覺被抽離,不會將注意力放在自己身上。

衝突測試法

九型人格認為,衝突是人們生活中的一部分,不可避免。然而,不同的人面對衝突會有不同的處理方式,這主要是由其人格類型決定的。也就是說,我們可以透過觀察自己以及他人處理衝突的方式,來判斷自己及他人的人格類型。

測試提問

問自己兩個問題:

「你在什麼情況下會感到憤怒?」

「你感到憤怒時,會有怎樣的行為舉動?」

有 9 種答案供你選擇:

第十一章　九型人格測試法

　　1.引發怒火：被指責、他人中途退出或他人單方面改變計畫的時候，感覺被欺騙。

　　憤怒行為：以簡短的言論針對其他事情進行譴責，用一些非言辭表達來暗示怒火，什麼也不說。

　　2.引發怒火：自己做的事情被他人視為理所當然，不被欣賞，自己講的話沒有被認真聆聽。

　　憤怒行為：長時間壓抑自己，決定說點什麼的時候情緒激動，事先思考自己要講的內容（自己的感受、為什麼會有這種感受，以及對方有哪些地方做得不對）。

　　3.引發怒火：被安排在可能失敗的位置上、看起來不太專業、因為別人拙劣的表現而遭受指責，或沒有因為所做的工作而獲得讚揚。

　　憤怒行為：詢問一些簡單的問題，不願意告訴別人自己的煩惱，隨著時間流逝，聲音會變得尖銳；隨著時間過去，發言會越來越簡略。

　　4.引發怒火：被忽視、被怠慢，或被要求做一些違背自己價值標準的事情或引人嫉妒的任務。

　　憤怒行為：講話生硬，變得極其安靜，多種強烈的感受交織在一起，過度分析形勢以支持自己的理解，長期堅持自己的感受。

　　5.引發怒火：破壞彼此信任關係的事情、感到震驚、他人不誠實的表現、不受控制的局勢，或工作任務過重。

　　憤怒行為：減少發言，選擇逃避但可能不會表現出來，把情緒都藏在心裡，怒氣積壓太多或暴發時會表現出自己的憤怒。

　　6.引發怒火：壓力、缺乏真誠、缺少關心，或濫用權力。

憤怒行為：可能會逃避或是進行透澈的分析，反應強烈，內心不斷地進行猜測。

7. 引發怒火：被交付沉悶乏味又太過平常的任務、別人不予理會或者不嚴肅對待，或不公平的指責。

憤怒行為：透過想像一些美好的事情來逃避痛苦，對自己的行為自圓其說，指責或者譴責他人。

8. 引發怒火：不講道義、不直接處理問題、人們不為自己的行為負責、自身沒有防備，或無法掌握事實。

憤怒行為：澎湃的怒火驅使著自身採取行動，快速地區分和整理相關資訊和感受。盡量避免脆弱或失控的情緒，可能會全面退避，不理會那些自己不尊敬的人。

9. 引發怒火：平靜和諧的生活被打斷、被人指點該怎麼做、被忽視、別人態度粗魯、公然對抗、被人欺騙、被質疑，或不被支持。

憤怒行為：緊張的面容會洩漏他們憤怒的情緒，可能自己都沒有意識到心中的憤怒，將怒氣發洩到不相關的人身上，憤怒會在心中維持很長一段時間。

答案 1 的解析

如果你選擇答案 1，那你是 1 號完美者。

面對憤怒的 1 號時，人們應該這樣應對：採取解決問題的態度，給 1 號時間好好梳理自己的情緒，對談話做一定的規畫，首先讓 1 號說出自己的想法，不要使用指責式的言語。

第十一章 九型人格測試法

▍答案 2 的解析

如果你選擇答案 2，那你是 2 號給予者。

面對憤怒的 2 號時，人們應該這樣應對：讓 2 號盡情地訴說，詢問一些釐清情況的問題，和 2 號分享自己的觀點，記得要確認他們的觀點，討論感受和想法。

▍答案 3 的解析

如果你選擇答案 3，那麼你是 3 號實做者。

面對憤怒的 3 號時，人們應該這樣應對：友善清楚地表達，確定不要有過多的工作壓力，不要帶有強烈的情緒色彩，使用理性且能解決問題的方法。

▍答案 4 的解析

如果你選擇答案 4，那麼你是 4 號浪漫者。

面對憤怒的 4 號時，人們應該這樣應對：坦誠地邀請對方表達自己的感受，認真聆聽直到 4 號說完為止，複述 4 號的感受和想法，不要暗示自己覺得 4 號過於敏感，不要表現出智者或指責的態度。

▍答案 5 的解析

如果你選擇答案 5，那麼你是 5 號沉思者。

面對憤怒的 5 號時，人們應該這樣應對：事前告訴 5 號你想和他進行交流，讓 5 號自己選擇交流的時間和地點，為第一次交談設定清晰且雙方認可的期限。首先讓 5 號講述自己的感受和想法，為 5 號預留充裕的物理空間，面對問題保持理性的態度，避免過於強烈的情感表現造成 5 號的壓迫感。

答案 6 的解析

如果你選擇答案 6，那麼你是 6 號懷疑者。

面對憤怒的 6 號時，人們應該這樣應對：在 6 號逃避的時候給他們空間，讓 6 號充分表達自己的感受，認可他們的看法，保持熱情而真誠的態度，重建彼此的信任。

答案 7 的解析

如果你選擇答案 7，那麼你是 7 號享樂者。

面對憤怒的 7 號時，人們應該這樣應對：首次交流的時間不要打擾到 7 號，詢問一些非評判性且能自由回答的問題，讓 7 號充分表達自己的感受，引導 7 號講出自己的思考過程，向 7 號分享自己對他們感受的理解，認可 7 號的感受，真誠直率但不要採取指責態度。

答案 8 的解析

如果你選擇答案 8，那麼你是 8 號領導者。

面對憤怒的 8 號時，人們應該這樣應對：直率、誠實地傾聽 8 號強烈的內心感受，不要表現出軟弱或不確定，不要使用那些可能會讓 8 號誤認為是指責的言辭。

答案 9 的解析

如果你選擇答案 9，那麼你是 9 號和諧者。

面對憤怒的 9 號時，人們應該這樣應對：親切簡單地詢問他們為什麼生氣，詢問時要採取含蓄而輕鬆的方式，全程認真聆聽，肯定 9 號直接表達憤怒的行為，在認可 9 號感受的基礎上，和他們分享其他觀點。

第十一章　九型人格測試法

此外，無論你屬於哪一種九型人格，在控制自己的憤怒時，都需要做到以下幾點：

在最初工作關係確立時，就告訴對方哪些行為可能會觸怒自己。

在意識到自己被觸怒時立刻告訴對方。

在自己的行為已經開始顯露心中的憤怒情緒時，適當地進行一些體育鍛鍊，比如做體操、散步、練瑜伽等等。

反省自我的優缺點，連結自己的人格屬性來分析，尋找處理情緒並塑造最佳自我的方法。

肢體語言測試法

九型人格認為，不同人格屬性的人會有不同的肢體語言，因此，人們可以透過觀察自己及他人的肢體語言來判斷自己及他人的人格類型。

觀察一下，你經常使用下列哪種肢體語言？

第一類肢體語言

注重自己的儀態，高雅而嚴肅，男性是紳士，女性是淑女或貴婦人；衣著整潔得體，男性乾淨俐落，女性端莊整潔；目光專注而堅定，一般先注視對方眼睛，然後打量全身，再回到眼睛上，給人一種似乎總是在挑毛病的凌厲感；臉部表情變化也比較少，時常表情嚴肅，笑容不多；生氣時會臉色陰沉，沉默不語；姿勢硬挺，行走坐臥中規中矩，體態端正從不東倒西歪，而且可以長久保持相同姿勢不變。

第二類肢體語言

喜歡穿深色服裝，款式簡單大方；臉上總是洋溢著親切的笑容；眼神中總是流露出一股充滿關愛的光輝，而且身體會下意識地向前傾；在與人相處的過程中，身體總是有意無意地靠近對方，但不會讓人覺得壓迫或不舒服；安慰別人時，喜歡輕拍對方的肩膀、握住對方的雙手、給一個愛的擁抱等肢體接觸方式；很難靜下來，隨時都在觀察他人的需求，並立即採取行動去滿足那些需求；臉部表情豐富，習慣直接表達喜怒哀樂；喜歡用暗示性言辭表達自己的情感。

第三類肢體語言

多保持適中的身材，符合當下審美對身材的要求；站如松，坐如鐘，但肢體語言非常豐富，大多數情況下很難安靜坐好；注重自己的衣著，要求男性灑脫、女性幹練；與人交流時，眼神專注且充滿自信；談話時常常搭配相應的肢體動作，尤其喜歡將手勢與眼神相結合；在向他人表達友好時，總是攤開雙手給人一種開放態度的親切感。

第四類肢體語言

身材適中或偏瘦；站立、坐臥均以舒服為原則，會有不合禮儀的舉動；注重自己的服裝打扮，喜歡具有獨特氣質、顯現高雅的服裝；說話時眼神會隨著情緒變化，時而憂鬱，時而強烈，時而悲傷；盡量保持優雅迷人的形象：頭微抬、眼迷人；習慣安靜地坐在那裡傾聽或冥想；在陌生人面前往往表現得很冷漠、神祕又高傲的樣子；總是一臉不快樂、憂鬱的樣子，充滿痛苦又內向害羞；受到強烈情感刺激時，可能做出誇張的舉動，也可能暗自啜泣。

第十一章　九型人格測試法

▌第五類肢體語言

身材瘦弱、姿勢僵硬；衣著非常簡樸，款式常常「過時」、「老氣」；衣服可能好幾天都不換，頭髮也可能好幾天都不洗；喜歡安靜地坐在角落裡，不希望引起注意；追求簡潔，當他們行走時，習慣直接接近目標；時常眼神空洞、迷離，很少帶有情緒；在與人交流時，大多面無表情、安靜地傾聽，偶爾會微微點頭；感到無聊時，喜歡沉思、皺眉、搔頭或在紙上畫東西等。

▌第六類肢體語言

身材適中、體格強健；衣著以便於打理為原則，樸實無華但並不老氣過時，深色服裝居多、款式簡潔；會有肌肉繃緊、雙肩向前彎的表現；有慌張、避免眼神接觸的臉部表情，有時候會睜大眼睛盯著別人；感到緊張時，會出現吞嚥口水的不雅動作；眼神總是焦慮不安，顴骨部位的肌肉總是緊繃的，即便在笑的時候也是如此；眼神不斷左右飄移，隨時環顧著環境中的細微變化；行走、站立以及坐臥都會表現得局促不安，更不喜歡與人靠得太近。

▌第七類肢體語言

肢體語言充滿活力，常因關注環境中一切有趣、好玩的事情而走神；不喜歡長時間坐臥站立，難以安安靜靜地待在同一個地方；走起路來給人匆匆忙忙的感覺，似乎總是在蹦蹦跳跳；眼神和臉部表情非常豐富，從不掩飾自己的喜怒哀樂，常常笑容滿面；肢體動作常常很豐富，手勢不斷而且誇張；有時候會面露不屑的表情，也會經常使用睜大眼睛盯著人的表情。

第八類肢體語言

站立或坐臥時習慣向後微傾，不動之中自有威嚴；走路時習慣抬頭挺胸，雙臂擺動幅度很大；情緒穩定時喜歡安安穩穩地坐在那裡，雙手環抱胸前；情緒高漲的時候會手舞足蹈，做出各種誇張動作；目光中透露著霸氣，看人時專注，習慣直視對方眼睛；臉部表情顯現出自信，微笑中帶有威嚴和霸氣，但不嚴肅；喜歡高檔服飾，注重服裝搭配，款式多變。

第九類肢體語言

保持和善面容，帶著淡淡的微笑，很少大喜大怒，即使生氣也只是面容稍微陰沉；動作遲緩、身體柔軟無力，給人東倒西歪的感覺；慢走多於快跑，站多於走，坐或躺多於站；喜歡穿寬鬆舒適的衣服，裝束簡單且從眾。

答案解析

如果你的肢體語言屬於第一類，那麼你是 1 號完美者。

如果你的肢體語言屬於第二類，那麼你是 2 號給予者。

如果你的肢體語言屬於第三類，那麼你是 3 號實做者。

如果你的肢體語言屬於第四類，那麼你是 4 號浪漫者。

如果你的肢體語言屬於第五類，那麼你是 5 號沉思者。

如果你的肢體語言屬於第六類，那麼你是 6 號懷疑者。

如果你的肢體語言屬於第七類，那麼你是 7 號享樂者。

如果你的肢體語言屬於第八類，那麼你是 8 號領導者。

如果你的肢體語言屬於第九類，那麼你是 9 號和諧者。

第十一章　九型人格測試法

言語測試法

　　九型人格認為，不同人格屬性的人們會表現出不同的談話方式，因此人們可以根據自己及他人的談話方式，來判斷自己及他人的人格類型。

　　觀察一下，你經常使用下列哪種談話方式？

第一類談話方式

　　談話常常直來直往、不留情面、不拐彎、一針見血，直接切入問題核心；談話時不幽默、不做作，不喜歡噱頭；話語簡潔而有力，言語當中通常也是指令清晰、乾脆俐落，沒有拖泥帶水、模稜兩可的詞句；喜歡面對面直接溝通；談話主題常常為做人做事，而且常用「對／錯、應該／不應該、好／不好、必須／否則、一定要／不可以、肯定是／不可能、按照規矩／制度／規定／標準／規範／流程／原則」等詞彙來表明做人做事的原則標準是什麼。

第二類談話方式

　　總是呵護他人，常常說：「你坐著，讓我來；不要緊，沒問題；好，可以；你覺得呢？」不斷向他人索取讚美或認同，經常會問孩子：「爸爸／媽媽好不好？」也會問愛人：「你愛我嗎？」喜歡對他人的觀點表示贊同，常常說：「你說得對啊」、「就是啊」否認自己有不好的情緒，面對別人的關懷常常回答：「沒有，怎麼會呢？」感到自己被背叛時，性格就會變得暴躁，態度也會變得強硬，用命令的口氣對他人說話：「去幫我倒杯水」、「快去把這份檔案列印 10 份」。

第三類談話方式

語速通常較快;說話時喜歡用簡單的字詞、句子,常說的詞彙有「目的、目標、成果、價值、意義、把握時間、浪費時間、做事情、行動、讚揚、認同、能力、水準、第一、最好、競爭、面子、形象」等;聲音洪亮,喜歡使用富有抑揚頓挫的語調說話;說話時非常有邏輯、有效率,同時只關注重點;不喜歡談論哲學話題,也不喜歡和他人進行長時間的談話;迴避會顯示出自己負面特質的話題或一些自己所知甚少的話題;認為對方沒有能力或缺乏自信時會變得不耐煩;說話時喜歡配合相應的肢體語言,講到高興時,常常眉飛色舞、手舞足蹈。

第四類談話方式

語調柔和,說起話來抑揚頓挫;喜歡用柔美、哀戚的詞彙;語氣總是透露出一股憂鬱的氣息;話題往往圍繞自己展開,總在描述自己的感覺,尤其是那些悲傷、痛苦的感覺;最常用的詞彙是「我、我的、我覺得、沒感覺」等;說話時較少配合其他肢體動作,但是有豐富而快速的眼神變化;喜歡用形容詞來表達自己的情緒,比如:「今天的天真藍啊!」

第五類談話方式

很少說話;與人交流的語氣非常平板且沒有情感色彩,發言非常有條理;常說的詞彙是「我想、我認為、我的分析是、我的意見是、我的立場是」等;在與人交談時,總是言簡意賅,直奔主題;在談到學術性話題或自己感興趣的方面時,會變得滔滔不絕,但當興趣消失時又會變得沉默寡言;遇到自己不喜歡或者無聊的話題時,會沉默寡言,也會敷衍性地說幾句。

第十一章 九型人格測試法

第六類談話方式

講話的時候聲音顫抖，久久不切入正題；經常使用「慢著、等等、讓我想一想、不知道、或許可以的、怎麼辦、但是」等詞彙；語氣及語調比較低沉，節奏比較慢，討論問題時彎彎繞繞，很少切入正題，常從旁敲側擊的角度，去試探對方值不值得信任；話比較多，特別是當想問問題和驗證事情的時候，他們會不斷地說過來、說過去，話語中充滿矛盾；話語中理性、邏輯的成分非常高，甚至連情感與情緒也是以邏輯的形式表達；話語中有很多轉折詞，比如「這樣很好……不過」、「雖然……可是」、「萬一」等。

第七類談話方式

語速很快，聲音洪亮，富有活力和熱情；談話充滿幽默要素，語調歡快，親切有趣，善於帶動氣氛；態度搞笑，語氣和神態都透著搞笑的興致；說話容易偏離主題，講一件事情的時候，突然又轉而講述另一件事，或者特別講述這件事中一個特別的細節；通常喜歡自己一個人說，且很難有耐性去聽別人講述一件事情，甚至經常打斷對方，努力把話題引導到別的領域；說話往往喜歡直來直往、一針見血，常常會說出一些可能讓別人難堪的話，因此顯得刻薄；經常用的詞彙有「快樂、開心就好、無所謂、沒事的、這事還沒結束、快點」等。

第八類談話方式

沒有耐心傾聽別人的觀點；喜歡直截了當地溝通，討厭說話拐彎抹角和繞圈子；言語激進偏執，具有攻擊性和煽動性；說話很有自信，顯得強悍且霸道，常常說「你為什麼不、我告訴你、跟我去」等話語；憤怒時會對人大聲吼叫，並伴隨誇張激烈的肢體語言，直到完全掌控局面為止。

第九類談話方式

習慣肯定對方的觀點，常常會「嗯、嗯、嗯」地不斷附和，表示自己的贊同，他們也會對你說的話不斷給予出正面評價，「你說的話太對了」、「就是這樣」，或者不斷重複你的觀點；談話時節奏緩慢，語氣通常不堅定，時常在詢問，很少下肯定的判斷；有時候發言沒有條理，談話內容天馬行空，好像沒有中心思想，有點囉唆。

答案解析

如果你的談話方式屬於第一類，那麼你是 1 號完美者。

如果你的談話方式屬於第二類，那麼你是 2 號給予者。

如果你的談話方式屬於第三類，那麼你是 3 號實做者。

如果你的談話方式屬於第四類，那麼你是 4 號浪漫者。

如果你的談話方式屬於第五類，那麼你是 5 號沉思者。

如果你的談話方式屬於第六類，那麼你是 6 號懷疑者。

如果你的談話方式屬於第七類，那麼你是 7 號享樂者。

如果你的談話方式屬於第八類，那麼你是 8 號領導者。

如果你的談話方式屬於第九類，那麼你是 9 號和諧者。

第十一章　九型人格測試法

第十二章
賦予心靈自由的翅膀

九型人格曾經是一門深奧的古老學問，經過眾多大師的詳細解讀，九型人格已經成為人人可用的性格分析工具，人人讚賞的自我提升手冊。

第十二章　賦予心靈自由的翅膀

不要急於劃分自己

　　許多人在做完九型人格的測試題目後，確定了自己的人格類型，就完全按照這類人格的特性來審視自己、提升自己。然後，他們往往會發現自己所屬的這類人格屬性的特徵和提升方法並不完全適合自己，往往無法發揮良好的提升作用，反而帶給他們極大的困擾，甚至造成心靈上的某些創傷。這個時候，他們常常覺得自己被九型人格欺騙了。之所以會出現這樣的情況，是因為人們不了解九型人格的一項重要特點——九型不等於被定型，而且，由於九型人格口口相傳的傳統，因此需要傳承者具備高超領悟能力，而許多傳承者可能不具備這麼高的智慧，就會在傳承過程中出現訊息失真的情況，從而導致人們誤讀九型人格。

　　因此，九型人格大師往往不建議人們急著決定自己的人格類型。他們通常會建議人們先縮小範圍，因為九型人格中許多類型之間存在許多相似的地方，較容易讓人混淆，這時人們應該選擇兩至三個可能性最高的類型，留意每一種類型解析說明中的「後記」，以得到更深入的啟示。同時，人們要訓練自己的觀察力，提升自我觀察的能力。到了某一刻，你自然會有種豁然開朗的感覺，因為你的類型從心底浮現出來，你自然也會更相信九型人格心理學的正確性。從佛學的角度來說，就是要人們學會悟空，當你心中空空如也時，就能清醒地認知自己的優勢與劣勢，自然也就能判定自己的九型人格類型了。

　　然而，即便你確定了自己的人格類型，也不能將自己固定在某一個人格類型上，偏執地按照這種人格類型的優勢與劣勢來限制自己。要知道，找到你的人格類型，只是跨出「自我成長」的第一步。也就是說，九型人格提供人們一個向內探索自我的起點、一個理解真我的機會，但它並非絕

對的真理。

嚴格來說，九型人格中的九種性格分類只是大概的框架，並不是能全面解釋人們性格的學問，因為每一種性格類型又加上左右翼與三變數的變化類型，就使得人們核心性格以外的性格有了無限變化的可能性。也正是因為有這樣多的變化，才使得九型人格不僅可以廣泛又精準地描述每一種性格類型的特點，同時又能在細微之處區別出不同的性格類型。

而且，當我們處於安全狀態或長期受到壓力時，性格也會有所變化。九型人格中的性格成長走向與凋零走向，可以檢測我們目前的壓力指數，這也正是九型人格比其他性格分析工具更實用的主要原因。

此外，九型人格大師唐‧理查德‧里索又將九型人格按照性格的健康程度，把每一種性格類型分為三種發展狀態（1～3健康狀態、4～6一般狀態、7～9不健康狀態）、九種發展層級，幫助人們更清楚地檢視自己的或別人的性格狀態正處於哪一個發展狀態和發展層級，更精準地引導我們的精神健康。

人類的性格是善變的，它會隨著外在的環境和內在的心境而不斷變化，如何掌握這無窮變化中的不變之處，這就需要人們活用九型人格的智慧，以變制變，才能夠預先洞悉自己及他人的心理變化，也就能夠較為精確地捕捉到善變的人性，真正邁入那扇通向真我的大門。

九型人格：經驗大於理論

人們常說「實踐出真知」。因為人們認為，經驗是人們多次實踐後得出的認知，較為接近真理；而理論則常常有脫離實際的嫌疑，不具有經驗

第十二章　賦予心靈自由的翅膀

那麼高的可行性。因此，大多數人喜歡經驗多過理論。而九型人格極強的實用性正好表明：九型人格是經驗不是理論。

在葛吉夫將九型人格帶入西方國家之前，九型人格一直秉持著口傳的交流傳統，這並不是因為當時沒有文字可以記載這些理論，而是因為九型人格的創始人以及傳承者都認為，以口對口的交談正是人們了解自我的重要方式，是九型人格思想的核心。即便現在市場上出現了各種九型人格理論書籍，眾多九型人格大師仍舊沿用著這種最直接、最有效的研究方法。因此，我們應當將九型人格視為人們不斷自我提升的一種經驗，而並非性格分析的理論。

據傳，九型人格是由游牧民族發明的。我們知道，游牧民族逐水草而居，所以經常搬家。當他們搬到某處，為了使當地住民接受他們，就得和對方多交流溝通以獲得認同。在長期的實踐中，他們發現了一套如何快速獲得當地住民認同的學問，這門學問能夠幫助他們觀察當地住民的喜好，分析當地住民的性格類型，然後投其所好。這門學問就是九型人格的雛形。最後，這門學問由蘇菲教派加以整理歸納，就形成了我們現在看到的九型人格。因此，從九型人格產生的根源來看，九型人格是非常實用的經驗，而不是理論。

而從目前九型人格的使用領域來看，更顯現出九型人格是經驗，而非理論。眾所皆知，九型人格之所以得到如此巨大的發展，與艾瑞卡學院的創辦人奧斯卡·伊察索關係密切，正是他首次將九型人格用來作為人類心理訓練的教材，使得許多著名精神專家受其影響。其中以智利精神病學專家納蘭霍（Claudio Naranjo）的成就最為顯著，甚至可以說是納蘭霍奠定了當前九型人格的發展格局，因為當今世界的幾位九型人格大師多是納蘭霍研究小組的成員，比如海倫·帕瑪。由此看來，九型人格得以迅速發展的

最直接原因，其實是人們出於治療精神疾病的需求。而隨著對九型人格的研究不斷深入，人們漸漸發現九型人格對生活中的職場、愛情及理財等多方面同樣具有極佳的效果。

如果你還堅持認為九型人格是理論而非經驗，那麼就請你堅持使用九型人格來改善你的生活，就會漸漸發現，它能對生活的各方面給予實際的引導，有助於解決很多人生中遇到的問題，這時你就不得不承認：九型人格是經驗而非理論。

優勢與劣勢的互相轉化

生活中，許多事情不是絕對的，一個人的優勢、劣勢也不是絕對的。在有些時候，優勢容易使人得意忘形，這時優勢就可能轉化為劣勢。許多時候我們不是跌倒在自己的劣勢上，而在跌倒在自己的優勢上。而透過努力，劣勢也會轉化為優勢。

人們透過使用九型人格，能很清楚地看到自己的優勢和劣勢，但人們常常只關注自己的優勢，並極力使其發揚光大。然而，古人說得好：「過猶不及。」過於注重自己的優勢，就是「過頭」的表現，而任何事物一旦過頭，好的也就變成壞的了。

比如，九型人格中的 1 號人格最大的優勢在於注重細節、追求完美，在他們的眼裡，總是這裡還需加強、那裡還需做得深入一點，這種精益求精的精神使得他們更容易成功。正如俄國知名作家列夫·托爾斯泰（Leo Tolstoy）所言：「成功者的共同特點就是能做好小事情，能夠抓住生活中的一些細節。」但如果過於關注細節，就容易陷入認知的歧途、鑽牛角尖，看

第十二章　賦予心靈自由的翅膀

不到大方向和目標，往往會因小失大，反而阻礙了我們自身的提升和發展。

在此基礎上，我們可以舉個更生活化的例子：一個人注重衛生是好事，但如果過度注重衛生，就容易產生病態的心理——潔癖，從而影響自己的正常生活。這就使得原本的優勢變成了劣勢，讓本該幫助發展的事物演變成了阻礙發展的事物。

其實，九型人格大師一直都在告誡我們要秉持發展的眼光看待自己性格中的優勢與劣勢，因為事物是不斷變化發展的，人們性格中的優勢與劣勢也會隨著外界影響的變化而改變，如果過於執著於自身的優勢，就容易使優勢變成劣勢，反而會阻礙我們的發展。

行為模式並不是真正的我

如果問你一個問題：「如何判斷一個人的性格？」你會怎麼回答？人們往往會回答這樣的答案：表情、手部動作、腳部動作、吃飯的動作……稍加留意，人們就不難發現，這些答案其實有個共同的特徵，那就是都和人們的動作有關。

由此可見，很多時候，人們判斷一個人的性格，往往是透過觀察這個人日常生活中的行為，認為一個人的行為往往能夠較為準確地傳達一個人的心靈資訊。其實不然，作為一個人的內在因素——既有的性格都是後天影響造就的，而一個人的外在因素——行為更是後天影響的結果。也就是說，一個人的行為並不能代表一個人真正的自我。換句話說，就是行為會隨著人們的經歷、生活而改變。

從概念來看，行為是人類在生活中表現出來的生活態度及具體的生活

方式,它是在生活中表現出來的基本特徵,並受到許多方面的影響:一定的物質條件、不同的個人或群體、社會文化制度及個人價值觀。此外,行為也是對內外環境因素刺激所做出的自發反應。也就是說,人為了生存,已慣於因應不同的環境、人物、氣氛甚至情緒(包括自己及他人的)而刻意改變自己的某些本能行為。

生活中,許多人會隨著環境的變化而改變自己的行為方式。尤其是在當今這個經濟社會,人與人之間的商務交流日益增加,這在一定程度上迫使人們開始關注自己的形象及動作是否符合禮儀規範,也就習慣在不同的場合表現不同的行為來使自己更自然地融入環境中,這就常常導致人們的某些行為具有極強的混淆性,不能真實展現本人的性格。由此可知,單憑人們的行為來判斷一個人的性格,這樣的觀念多少有些以偏概全的狹隘。也就是說,人們在了解自己、了解他人時,要透過自己或他人的行為看到更深層次的東西 —— 人的本質,才能做出最好的選擇。

九型人格的大師們

和別的性格分析工具不同,九型人格是依靠口頭傳播沿襲下來的,它並沒有留下關於自身歷史淵源的文字紀錄。而要領悟這門深奧的性格分析學說,需要九型人格的受道者具備高超的智慧、深諳人性智慧,在精確地領悟傳道者的九型人格智慧之後,才能以此為基礎,朝更高層次的意識發展,使九型人格更趨完善。而因為沒有歷史記載,我們已難以知道那些在古代為九型人格傳承做出貢獻的智者之名了,所幸喬治‧伊萬諾維奇‧葛吉夫在此道路上做出了突破 —— 首次將九型人格傳入西方國家,不僅使

第十二章　賦予心靈自由的翅膀

得九型人格開始在全世界廣泛流傳，也開啟了九型人格的文字歷史。

如今，九型人格之所以能成為風靡學術界和工商界的熱門課程，追根究柢，在於眾多九型人格大師對其進行了詳盡而深刻的解讀，化繁為簡，使其成為人人可用的性格分析工具，人人讚賞的自我提升手冊。

下面，我們就來看看，有哪些九型人格大師在九型人格發展的道路上星光熠熠，做出了傑出的貢獻。

喬治‧伊萬諾維奇‧葛吉夫（George Ivanovich Gurdjieff）

西元1920年，喬治‧伊萬諾維奇‧葛吉夫首次將九型人格理論傳入西方，這位充滿個人魅力的精神導師把九型人格這種屬於蘇菲教派的口傳系統吸收起來，用於自己的教學實驗。現在有很多關於葛吉夫及其相關理論的著作都涉及了九型人格系統，但大都沒有提及葛吉夫如何利用這套系統來觀察人們的潛質，或者這套系統到底為他提供了哪些有用的資訊。這是因為在葛吉夫的時代，沒有任何文字真正記載了關於九型人格的性格研究，當時葛吉夫的弟子們在繼承九型人格的理論時，只能透過葛吉夫這個老師來學習，然而大部分弟子難以領悟葛吉夫關於九型人格的深層次解讀，往往陷入對九角星圖的過度關注，把大部分精力放在了一種不需要言語表達的肢體運動（這種運動被稱為葛吉夫的神聖舞蹈，參加的舞者在無意間做出各種肢體動作，從中感受自己身體的韻律），而忽略了研究的核心：如何使用九型人格。

因此，葛吉夫的弟子們往往容易陷入歧途：一個人要獲得更高的意識，必須放棄先天的性格特徵。由此可見，他們並沒有把性格特徵視為達到更高心靈境界的有用資訊來源，認為人們獨特的性格對於整個人的潛能

挖掘影響不大，他們更關注的是非言語的肢體運動和葛吉夫所倡導的注意力訓練（包括觀察自我和記住自我），認為這才是通往內心世界的正確途徑。

當然，也不排除這種可能：在葛吉夫所處的時代，心理學發展水準還不足以讓眾多人了解九型人格的奧祕，因此葛吉夫只教給弟子們一些入門知識。總之，從葛吉夫對於這個系統的使用方式，以及其對於九角星圖與性格關係的回答來看，他顯然是知道其中奧妙的。那麼為什麼他對九型人格的深刻解讀沒有很好地傳承下來？其中原因已無從知曉。

奧斯卡・伊察索（Oscar Ichazo）

葛吉夫將九型人格帶入了西方世界，教導人們注意力訓練，但真正將這套學說發揚光大的是艾瑞卡學院的創辦人奧斯卡・伊察索。伊察索宣稱九型人格學說是他在西元1950年代在阿富汗旅行時，從蘇菲教派中習得。伊察索將人類的九種情欲放進九型人格學說中，並將這套學說拿來作為人類心理訓練的教材。艾瑞卡學院首先在智利的艾瑞卡市設立，之後，美國的艾瑞卡學院也在西元1970年成立。伊察索最重要的功勞在於，他為九角星中的每個角找到了對應的性格類型和情感，在這九種性格類型有了正確的位置後，我們才能夠清楚解釋不同性格的相互關係。

許多知名的心理學家、精神疾病學家都曾追隨伊察索學習九型人格學，從此之後，九型人格便被系統化地廣泛傳播開來。

克洛迪奧・納蘭霍（Claudio Naranjo）

克洛迪奧・納蘭霍是一位智利的精神疾病專家，他不僅喜歡研究藥用之物對精神疾病的治療作用，還喜歡探索心理學和冥想訓練的相關知識。

第十二章　賦予心靈自由的翅膀

西元 1970 年，納蘭霍開始著手研究解讀性格類型的新方式，以幫助心理治療師更容易理解精神病患的心理障礙。歷經多次實踐後，他最終選擇了九型人格的九角星圖來解讀人的性格類型。他深信，在西元 5 世紀的基督教隱修士「潛在的情緒」和當代心理學研究的各種症狀之間，必然存在十分緊密的連繫。因此，他組織了一個由三十多位成員組成的研究小組，研究這種緊密連繫，以及上述二者之間的共通點。西元 1972 年，這項研究工作在取得了重大的成果後圓滿結束。

海倫·帕瑪（Helen Palmer）

海倫·帕瑪是克洛迪奧·納蘭霍研究小組的成員之一，在克洛迪奧·納蘭霍的研究小組圓滿結束後，海倫·帕瑪創辦了一個訓練心理治療師的培訓班——九型人格專業培訓課程，目的是推廣納蘭霍關於九型人格的解讀方式。帕瑪透過與美國著名精神病學家戴維·丹尼爾斯（David Daniels）合作，進一步擴大了培訓班的知名度。此外，帕瑪還以國際九型人格協會創始主任的身分，在史丹佛大學共同主辦了西元 1994 年第一屆國際九型人格會議。

帕瑪的貢獻在於她將九型人格進一步發揚光大，應用於廣泛領域，包括個人成長、辦公室管理及處理人際關係的竅門，近年來更擴展至夫妻相處、教育子女及親子關係。其著作《九型人格》(The Enneagram) 及《工作和戀愛中的九型人格》(The Enneagram in Love and Work) 暢銷全球，現已有二十二個國家的譯本。

大衛・丹尼爾（David Daniels）

　　大衛・丹尼爾是美國史丹佛大學醫學院臨床精神科教授，也是九型人格體系的開創者。西元 1977 年，美國的亞歷山大・湯馬斯（Alexander Thomas）和史黛拉・翟斯（Stella Chess）兩位醫生在《氣質和發展》（*Temperament and Development*）一書裡面提到，我們可以在出生後第二至第三個月的嬰兒身上辨認出九種不同的氣質：活躍程度、規律性、主動性、適應性、感興趣的範圍、反應的強度、心態、分心程度、專注力範圍或持久性。丹尼爾在此基礎上將這九種不同的氣質與九型人格結合起來，並和著名性格分析專家維吉妮雅・普萊斯（Virginia Price）透過歷時 7 年的精心研究，開發出一套九型人格的「五步測試法」。這種九型人格測試是目前極少數通過有效性檢測的權威測試方法，可使人們精準地透視自己和他人的性格，從而成為史丹佛大學商學院的必修課程，並得到蘋果、寶僑、通用汽車等世界 500 強企業員工和管理者的分享。

　　隨著九型人格進一步發展，人們必定將在認知自我的道路上越走越遠、越走越好，九型人格的大道上也必然會湧現出更多的九型人格大師，閃耀著更熠熠生輝的星光。

第十二章　賦予心靈自由的翅膀

附：九型人格九九表

1號VS1號	1號VS2號	1號VS3號	1號VS4號	1號VS5號	1號VS6號	1號VS7號	1號VS8號	1號VS9號
2號VS2號	2號VS3號	2號VS4號	2號VS5號	2號VS6號	2號VS7號	2號VS8號	2號VS9號	
3號VS3號	3號VS4號	3號VS5號	3號VS6號	3號VS7號	3號VS8號	3號VS9號		
4號VS4號	4號VS5號	4號VS6號	4號VS7號	4號VS8號	4號VS9號			
5號VS5號	5號VS6號	5號VS7號	5號VS8號	5號VS9號				
6號VS6號	6號VS7號	6號VS8號	6號VS9號					
7號VS7號	7號VS8號	7號VS9號						
8號VS8號	8號VS9號							
9號VS9號								

附：九型人格九九表

1號vs.1號

當1號完美者遇到了相同類型──1號完美者，兩個人常常會擁有類似的信念和共同的行事法則，雙方都很重視原則的必要性，追求完美的標準，認為人際交往應該遵循理性和公平的原則，更看重事業。但有時候他們對完美的看法或標準並不一樣，就會相互抱怨，認為對方沒有達到自己的標準，都想讓對方改變和讓步，因此引發對立。

如果兩個1號組成家庭，雙方都會關注責任和成就，這會使得他們的家庭發展順利。但是他們忙於為生活而奔波，常常忘記彼此溫存和關心，令他們內在的深層需求無法充分滿足，可能會爆發一些衝突。他們在生活的安排上都有明確的標準，但常常彼此苛刻要求，家務瑣事也要有明確的分工，經常在小事上發生衝突，互不相讓。

如果兩個1號成為工作夥伴，他們往往能夠彼此欣賞，一起努力和追求進步，他們加在一起的工作表現往往會更加出色。但是他們常常爭奪話語權和控制權，彼此都認為自己的觀點或者策略是正確合理的，這個時候他們通常互不相讓，堅持自己的觀點和做法，常常形成僵持的局面。

1號vs.2號

1號完美者和2號給予者相遇時，雙方都是負責任的人，都願意把事情做好，來幫助別人，也都能感受到對方的坦誠以及忠誠。但他們的注意力常常集中於外界，忽視自己的內心需求，他們幫助別人卻迷失了自己，長久下來，就會因為真實需求缺乏滿足而產生衝突。

如果 1 號和 2 號組成家庭，2 號會是主動的一方，因為他們喜歡對方依賴自己，會自己主動提供幫助，去感動對方。而 1 號在愛情關係中常常看重責任之類的東西，並不善於表達自己內心的感情，這會讓 2 號常常覺得 1 號疏忽了自己。2 號覺得 1 號過度關注工作之類的事物，沒有情調；而 1 號會覺得 2 號太矯情，而且太隨性，該做的事情不去做，雙方常常會因為這樣的對立而僵持。

如果 1 號和 2 號成為工作夥伴，1 號的目標是完美達成工作，所以非常關注技術方面的細節問題；而 2 號的目標是透過做好工作獲得別人的認同和感激，所以非常期待別人給予回應。給予者常常會抱怨完美者沒有認同自己，不注重自己的感受，完美者經常會抱怨給予者不能理解自己完美的計畫。

1號 vs. 3號

1 號完美者和 3 號實做者相遇時，雙方都十分關注自己的工作、比較理性，並講究現實和效率。1 號可以讓 3 號更加意識到細節和踏實，而 3 號可以讓 1 號學到以結果為指標的重要性。但是相處久了，1 號常常會認為 3 號沒有原則，只是關注結果、不擇手段，而且太愛誇大其辭，虛榮做作；3 號也會覺得 1 號太古板、冥頑不靈、太關注細枝末節且不注意大方向，雙方會對彼此有很多怨言。

如果 1 號和 3 號組成家庭，他們常常會忽視家庭生活，把太多時間放在工作上，很少會主動休假和進行休閒活動。雙方都在乎外界的評價，但 1 號通常希望自己真的是最優秀的，而 3 號喜歡主動為自己設定形象，哪

附：九型人格九九表

怕自己不優秀，也要讓別人覺得自己很優秀，這時候 1 號會認為 3 號是在騙人，3 號則會覺得 1 號太古板。

如果 1 號和 3 號成為工作夥伴，1 號會追求細節的完美，十分關注產品的品質，而 3 號則更關注整個流程產生的結果，寧可犧牲一定程度的品質也要達到結果，雙方常常因此產生衝突。

1號vs.4號

1 號完美者和 4 號浪漫者相遇時，雙方都會在對方身上看到自己的影子：他們都具有奉獻精神，1 號希望透過努力實現完美的標準，4 號希望透過自己的獨特讓世界產生很多美好的變化。1 號可以學習 4 號的創意和細膩，4 號則可以學習 1 號的理性和原則。但 1 號習慣依靠理性行事，他們常常看不慣 4 號的隨意和感性，而 4 號則會覺得 1 號沒有人情味且生活太死板，衝突由此而生。

如果 1 號和 4 號組成家庭，1 號能更常感受到自己的內心，也更加容易感到快樂，4 號也時常被 1 號的專情和堅定行為所打動。但 1 號有時候會害怕 4 號的隨性，認為他們是在自我放縱，應該有所約束；4 號則會覺得 1 號太缺乏感情，生活太死板和沒有變化。

如果 1 號和 4 號成為工作夥伴，他們都注重良好的工作表現，但 1 號按部就班、關注細節，會覺得 4 號工作時常常沒有計畫、盲目冒險、隨心所欲、虎頭蛇尾且反覆無常，非常不可靠；而 4 號則會認為完美主義的方法會抹殺自己的個性，從而無法展現出自己獨特的價值。

1號vs.5號

　　1號完美者和5號沉思者相遇時，雙方都非常理性且能保持客觀，而且都難以接受和自己意見不同的人。不同的是：1號通常有完美的目標，他們希望周遭的世界能因為自己而有所改變，可是5號通常單純滿足於自己去了解和獲取資訊，不願意對周遭的世界產生影響。

　　如果1號和5號組成家庭，往往會只關注生活中的瑣事。由於雙方都注重節制情感，而很少會彼此甜言蜜語，也缺少足夠的情感交流，多是相敬如賓的夫妻。但因為他們彼此都不表態，所以可能造成一些誤解：1號會因為缺乏來自5號的情感交流而焦躁不安，進而強迫5號走出自我的空間，反而容易促使5號更加自閉。

　　如果1號和5號成為工作夥伴，他們會是很好的搭檔，雙方都願意努力工作。但1號努力工作的出發點是為了把事情做好，而5號努力工作的出發點卻只是為了了解情況，當5號不願意說出自己的意見時，急切的1號就可能因為憤怒而與5號產生衝突。

1號vs.6號

　　1號完美者和6號懷疑者相遇時，雙方都是擁有負面思考方式的人，都有較強的危機意識：1號害怕錯誤，6號對成功抱持懷疑態度，他們往往能夠從人類的困境中看到美好，從痛苦中產生創造性，且都具有承受痛苦的勇氣。但他們也常常會因為相互猜疑而出現冷戰局面。

附：九型人格九九表

　　如果 1 號和 6 號組成家庭，共同的理想和付出把他們連繫在一起，就能夠看到對方的最終目標，也能分擔對方的擔憂。但他們也都會因為自己沒有表現好而感到內疚，都會延緩行動，在困難來臨時也都會猜疑對方，這就需要他們能夠敞開心扉地交談。

　　如果 1 號和 6 號成為工作夥伴，他們都喜歡提前為危機做好準備，他們的計畫往往非常嚴謹。但因為 1 號循規蹈矩，6 號討厭工作中的階級制度，如果他們無法坦誠地面對彼此，就會常常因為權威問題而產生衝突。

1號 vs. 7號

　　1 號完美者和 7 號享樂者相遇時，1 號想要完美的結果，7 號只享受快樂的過程，他們因為差異而相互吸引：7 號喜歡 1 號清晰的思維、對原則的堅持，1 號的專注常常能讓 7 號朝三暮四的習性有所收斂；而 1 號則喜歡 7 號的隨性和有趣。但相處久了，雙方常常因為 7 號不夠專注的行為而產生衝突。

　　如果 1 號和 7 號組成家庭，1 號的生活會因為 7 號的存在而變得輕鬆、自在、富有活力，而 7 號也會學著更加專注。但當家庭生活面臨壓力時，7 號就會選擇逃避，獨自去享樂，留下 1 號單獨面對困難，7 號這種不負責任的態度常常引發 1 號的怒火，衝突由此而生。

　　如果 1 號和 7 號成為工作夥伴，1 號扮演掌控者：制定結構、控制全局、把工作堅持到底，藉由邏輯來制定和執行計畫；7 號扮演創新者：依靠擴散性思考在不同事物間找到廣泛連繫，學習新的技術，吸收新的想法。如果他們在工作中分工明確，互不干涉，往往能有默契地配合，反之

則容易引發衝突：1號會厭煩7號的多變和不可靠，而7號也會厭倦1號的死板和缺乏新意。

1號 vs. 8號

1號完美者和8號領導者相遇時，常常是「冤家碰頭」，因為雙方都具有很強的控制欲，都認為自己代表著真理和正義，如果他們方向一致，會是高效率的合作組合。但面對8號為實現自己的利益而過分進取，甚至不惜犧牲原則和傷害他人的行為，恪守原則的1號常常會因此厭惡8號的強勢和沒有原則，8號則會不屑1號的過分理想主義和虛偽清高。

如果1號和8號組成家庭，1號容易被8號的力量與美貌催眠，8號讓1號感到自由；而8號則容易被1號的原則性與好意所吸引，因為1號的道德標準和立場正是不守規矩的8號所欠缺的。但相處久了，原先的吸引就變成了阻礙，8號常常受不了1號的挑剔，而1號也受不了8號向自己發洩怒火，於是他們便開始進入不斷爭執的階段。

如果1號和8號成為工作夥伴，他們可以是同仇敵愾的隊友：1號對細節和計畫的謹慎可以讓8號更有自制力，而8號的大膽，可以讓1號更加具有行動力。他們也可能陷入不斷的爭執中：1號代表超我，習慣透過「唯一正確的方式」來掌控局面，而8號代表本我，堅持「要麼接受我的方式，要麼滾蛋」的做事方法。

附：九型人格九九表

1號 vs. 9號

　　1號完美者和9號和諧者相遇時，雙方有相似點：他們都希望讓世界更美好，1號希望沒有錯誤，9號希望和諧。1號從9號那裡可以學到使人際關係和諧的技巧，而9號則能從1號那裡學到理性以及追求改變的信念。但1號經常因為9號拖延行動的行為感到憤怒，這反而促使9號更頑固地堅守作風，衝突由此而生。

　　如果1號和9號組成家庭，1號通常不需要害怕衝突而焦慮，9號也能學會「正確」的世界觀，並懂得堅持原則，他們的生活通常平和且舒適。但是，在需要行動的時候，1號常常不知道和諧者的立場，於是會強迫9號表明立場，但9號的態度只會顯更得更加麻木且無動於衷。

　　如果1號和9號成為工作夥伴，他們通常都強調細節，努力避免風險，也都喜歡專研規則，但1號關注的是規則中的錯誤，而9號則只是依附規則，因此在目標明確的1號面前，9號也能集中注意力，有效執行工作。但如果1號在行動的時候一味指責9號，9號就會消極抵抗，拖延行動。

2號 vs. 2號

　　當2號給予者遇到自己的同類——2號給予者時，不僅不會產生和諧的局面，反而可能引發彼此間的衝突。對於2號來說，他們喜歡付出，因此他們更希望接觸那些願意接受幫助的人。如果兩個2號彼此接近，就只有付出的一方，而沒有接受的一方，就使得雙方的付出都被拒絕，就容易

激起彼此的憤怒，造成雙方的對立。

如果兩個 2 號組成家庭，他們都渴望為對方付出，但彼此都對對方的付出毫不領情，這就讓雙方皆痛苦萬分，感到自己不被對方接受、理解，就容易使夫妻關係陷入僵局。如果 2 號夫妻能制定一個共同的目標，就更容易聯合兩人的能力，也就更容易實現這個目標。

如果兩個 2 號成為工作夥伴，則容易達到雙贏的局面。因為雙方都會把工作當作第三方，工作就是能夠讓他們提供幫助的對象。他們為了完成工作目標，能夠彼此合作，竭盡所能。但如果兩個 2 號之間是上下級的關係，就容易因為彼此強烈的控制欲而引發對立。

2號vs.3號

當 2 號給予者遇到 3 號實做者，2 號喜歡關注他人，而 3 號希望得到關注，兩者的性格正好形成互補關係：2 號從幫助 3 號的過程中得到被認可的滿足感，而 3 號在 2 號的幫助下不斷發展，從而達到各取所需的雙贏局面。但當習慣為他人忙碌的 2 號干涉 3 號為自己忙碌的行為時，就容易激起 3 號的反抗。

如果 2 號和 3 號組成家庭，往往會被眾人視為「天生一對」。因為 2 號追求愛人的肯定，而 3 號追求個人的成功，2 號就會將 3 號的目標當作整個家庭的奮鬥目標，竭盡所能地幫助 3 號成功。但是，當 3 號過於關注工作而忽視家庭時，2 號就會感到自己被忽略、不被需要，就容易引發衝突。如果雙方都能意識到 2 號的重要性，多關注 2 號，就能維繫和諧的感情。

附：九型人格九九表

如果2號和3號成為工作夥伴，會是一對高效能的工作組合，他們都精於產品製造和推廣。而且，3號喜歡當領導者，而2號喜歡在領導者背後給予支持，所以他們不會為了爭奪領導者之位而荒廢工作，但前提是他們的目標一致，且3號給予2號所需要的認可。

2號 vs. 4號

當2號給予者遇到4號浪漫者時，2號喜歡關注他人的需求，而忽略自己的需求。4號則十分關注自我的需求，而忽略他人的需求。當他們相遇時，雙方都會在對方身上看到潛藏於內心深處的那一部分自己。但雙方都害怕完全投入會對自身造成傷害，所以他們通常保持一定的情感距離。

如果2號和4號組成家庭，他們會是浪漫的一對，彼此都喜歡若即若離的感覺。在這段感情中，4號往往處於主導地位，2號總是害怕自己太平庸，難以滿足4號對個性的要求；而4號在面對2號時，又總是喜歡關注對方的缺點，而忽略了對方的優點，因此常常加深2號的自卑感。如果有了彼此之間對愛的承諾，他們就能完全投入到彼此的情感中，維繫浪漫的愛情。

如果2號和4號成為工作夥伴，他們都會關注環境中的情感基礎，都希望營造充滿人性關懷的工作氣氛。但是，他們容易在待人的態度上發生分歧：2號注重人際關係，4號喜歡與眾不同。

2號 vs. 5號

　　當2號給予者遇到5號沉思者時，5號是九型人格中最封閉的類型，他們總是生活在自己的空間裡，2號則是最開放的類型，因此他們彼此吸引：2號被5號的鎮定和安靜所吸引；2號對生活的正向態度和願意參與各種活動的熱情，讓與世隔絕的5號很羨慕。但隨著雙方深入接觸，彼此的吸引力反而變成了他們交流的障礙。

　　如果2號和5號組成家庭，2號往往是這對夫妻中的社交活動家。2號會代表兩人在各種聚會、儀式中發表言論，平靜而理性的5號則願意參與更具知識性和思考性的話題。這種巨大的差異既可以創造平衡的生活，讓雙方都保持各自的世界觀，也可能讓生活變成一場艱苦的拔河：2號拉著5號進行情感接觸，而5號拚命往後退。如果2號懂得尊重5號的選擇，或5號能試著敞開心扉，學會面對自己的情感，他們就能維持長久的甜蜜愛情。

　　如果2號和5號成為工作夥伴，性格上的差異能夠讓他們在工作中結為優良組合：2號關注他人和他人的需求；5號能夠獨立工作，研究抽象的問題。但如果2號過於關注5號，則容易使5號產生壓迫感和窒息感。

2號 vs. 6號

　　當2號給予者遇到6號懷疑者時，2號喜歡關注他人，因此他們在人際交往中往往是主動接近的一方；而6號有極強的不安全感，對世界充滿懷疑，因此他們在人際交往中總是抱著猶豫不決的態度，不知道該前進還

附：九型人格九九表

是後退。面對 2 號的主動接觸，6 號不會直接拒絕，但也不會相信 2 號，這往往能刺激 2 號的挑戰欲，但漸漸 2 號會發現自己很難贏得 6 號真正的信任，於是就選擇了放棄。

當 2 號和 6 號組成家庭時，2 號能夠以自己無微不至的關愛打動 6 號的心，從而漸漸降低 6 號的心理防禦強度，用愛回應 2 號的愛。但是，一旦雙方發生誤會，6 號根深蒂固的懷疑主義就會突顯出來，故意曲解 2 號的奉獻，甚至攻擊 2 號是別有用心；而 2 號覺得自己的付出不被認可，也會感到憤怒，雙方就會像兩隻鬥雞一樣爭吵不休。

當 2 號和 6 號成為工作夥伴，則容易引起衝突。2 號喜歡權力，6 號則喜歡對抗權威，如果他們都身處於事業的逆境中，會自然地結成同盟，雙方都會為了自己信仰的目標奮鬥；但如果他們處於同等競爭的環境，衝突則不可避免，尤其彼此是上下級關係時，衝突更為激烈。

2號 vs. 7號

當 2 號給予者遇到 7 號享樂者時，2 號喜歡幫助他人，因此他們能夠有效地幫助 7 號找到他們的計畫，也願意共享 7 號為情感關係帶來的興奮與狂熱。7 號向來喜歡擁有多種選擇的可能性，因此他也會被擁有多個自我的 2 號所吸引。但隨著雙方深入接觸，2 號渴望 7 號更多的關注，便讓 7 號覺得受到限制，對立由此而生。

當 2 號和 7 號組成家庭，7 號的迷人和 2 號的誘惑讓他們成為引人注目的情侶。7 號習慣以自我為中心，不管伴侶是否在身邊，他們都會隨心所欲。聰明的 2 號也會表現出他們多樣的自我，來應對 7 號的號召，而不

會靜靜地在家裡等待。但是，7號缺乏持久的專注力，常常令2號認為7號是個輕薄的花花公子，2號就會由迎合變為控制，就很容易引發7號的逃離行為。

當2號和7號成為工作夥伴時，他們往往是一對非常受歡迎的組合，但也面臨缺乏持久性的困擾。因為7號更看重享樂，而2號願意滿足7號對享樂的需求，這就容易使得整個團隊陷入享樂主義的陷阱，缺乏艱苦奮鬥的工作精神。

2號vs.8號

當2號給予者遇到8號領導者時，雙方都希望獲得對方的關注，但是他們獲得關注的方法截然不同：2號改變自己來適應他人，8號則堅持我行我素。2號喜歡關注那些成功者或者潛在的成功者，而8號就是這樣的人。而面對順從自己的2號，8號的領導欲得到極大的滿足，也會給予2號相應的權威保護。但雙方容易因強烈的控制欲，而引發衝突。

當2號和8號組成家庭時，他們可以成為相互支持的愛人，也可以成為分外眼紅的仇人。這對夫婦在一起的關鍵是2號的誘惑和8號的力量。雙方關係的焦點會放在8號的生活上。8號渴望獲得成功，而2號則以幫助8號實現願望為驕傲。但是，當兩人都表現出極強的控制欲時，原來的情人就會變成仇人。

當2號和8號成為工作夥伴時，他們能夠因為彼此信任而同步行動：8號扮白臉，2號扮黑臉。8號是強制執行者，2號是協商讓步者。但如果雙方都表現出超強的控制欲，就容易引發對立和衝突。

附：九型人格九九表

2號 vs. 9號

當2號給予者遇到9號和諧者時，雙方有共通之處：忽視自己的需求。因此，他們常常把對方當成自己，生出惺惺相惜之感，他們甚至不需要言語交流，就能深深影響對方。他們看似相似，其實動機並不相同：2號想從對方身上找到自我，而9號則想從對方身上找到生活的理由，2號往往能夠幫助9號找到這個生活的理由。但面對具有強烈控制欲的2號時，9號又會選擇逃避，因此容易激發2號的憤怒。

當2號和9號組成家庭時，往往是默契良好的情侶。2號喜歡付出愛，並經常認為關注就等於愛，9號則享受愛的感覺，因此雙方都可以用性來開啟真正的心靈接觸。但2號對於9號的過度關注也常常束縛了9號的自由，這就容易引起9號的反抗——冷暴力，進而引起2號的憤怒，衝突也就因此產生。

當2號和9號成為工作夥伴，他們默契十足的合作就好像為潛在的力量源頭安裝了動力十足的啟動裝置，常常能高效率且優質地完成工作任務。當他們目標一致時，2號能有效地激發9號的潛力，9號能督促2號更專注地完成工作。

3號 vs. 3號

當3號實做者遇到自己的同類——3號實做者時，對於3號來說，他們追求成功，喜歡競爭，並認為自己有絕對的優越感，從而使自己在競爭中獲勝。當兩個3號相互接近，彼此都追求成功，都具有很強的能力，就

容易形成勢均力敵的競爭局面，打成平手的機率很大，單方獲勝的機率很小，這樣的結果容易帶給3號深深的挫折感，極大地損害3號的積極性。

兩個3號組成家庭的機率很小，即便他們組成一個家庭，也很難共同生活下去。他們往往都是工作狂，都希望利用對方來獲取自己的利益，沒有半點溫情存在，這樣的感情注定不會長久。如果他們能確立共同的大目標，並懂得分工合作，也許能維持一段較為長久的婚姻。

如果兩個3號成為工作夥伴，他們能在企業發展時期形成暫時的和諧關係，這時，他們有一個共同目標──生存，因此常常攜手合作，共同奮鬥，並從對方身上學到自己所沒有的優點。但是當企業進入穩定發展的時期，生存的壓力不復存在，兩個3號之間就會由原本的和諧關係變為競爭關係。

3號vs.4號

當3號實做者遇到4號浪漫者，3號和4號都看重自己的形象和他人對自己的態度，這使得他們之間有個共同大目標。但他們的關注點不同：3號追求成功，不關注感情；4號追求特立獨行，過於關注感情。這往往導致兩人在生活、工作態度上產生巨大分歧，如果雙方都固執己見，對立將難以調和。

如果3號和4號組成家庭，他們會是合拍的一對：3號迷戀4號強烈的內心世界，這和他們自己渴望獲得大眾認可的感覺十分相似；在4號看來，3號見多識廣、處事老練，讓他們羨慕。但雙方也有衝突：3號過於關注工作，難以給予4號渴望的感情呵護，就會使4號變得情緒激動、愛

附：九型人格九九表

抱怨指責，或是陷入深深的憂鬱中，這種負面悲觀的情緒和3號樂觀正向的人生態度就會發生衝突。

如果3號和4號成為工作夥伴，3號不斷進取的態度能確保他們源源不斷地生產，而4號則會確保他們的產品不僅是成功的，還是一流的。如果雙方都把對方當作競爭對手，就會出現爭到兩敗俱傷的局面。

3號vs.5號

當3號實做者遇到5號沉思者，對立的局面往往多於和諧的局面。3號開朗活潑，總是正向樂觀地面對生活，因此他們多是外向性格。而5號冷靜沉著，總是靜靜地觀察生活，並不願意主動出擊，因此他們多是內向性格。當3號和5號彼此接近，使自身的外向性格和內向性格相互融合，促使雙方獲得更好的發展。但3號的正向也可能威脅到5號的自我空間，從而引發對立。

如果3號和5號組成家庭，他們通常是外向和內向性格的完美結合。3號正向樂觀的形象是5號渴望的，而在3號高速前進的過程中，5號能夠沉著冷靜地觀察到3號所忽略的細節問題。但常常成為「工作狂」的3號往往抽不出時間來陪伴5號，就很容易引發5號內心深處的憤怒。

如果3號和5號成為工作夥伴，5號負責分析，提出最基本的觀點和理念，而能量充沛的3號負責擴展概念，將其變成可以實際銷售的產品，並負責處理公共事務：與外界聯繫、應對競爭對手、排除外界對5號的干擾。但當遭遇問題時，彼此的分歧就會顯現出來：3號會去修改負面的資

訊，來保護自己的公開形象；5號則會對麻煩置之不理，這樣就容易使問題無法解決。

3號vs.6號

當3號實做者遇到6號懷疑者時，3號喜歡唱獨角戲，希望自己表現突出，更需要別人認可他們的成績；而6號恰恰喜歡懷疑他人，尤其喜歡懷疑那些成功者，這就容易將自己定位在3號的對立面上，引發3號的恐懼和反抗。因此，當他們接近彼此，往往不會出現和諧的局面。

因為3號和6號常常形成對立關係，所以組成家庭的機率較小，即便組成家庭，也難以維持長久而穩定的關係。

如果3號和6號成為工作夥伴，他們則是合拍的一對：6號是新鮮想法的提供者，能夠為企業的產品或服務帶來創新；而3號是富有創意的推廣者，具有較強的執行力，能夠把6號周全的構想變成現實，更擅長對6號的概念進行包裝和銷售，同時，他們還對市場有敏銳的判斷力，能夠快速掌握工作的樂趣，完成銷售。但是當他們是上下級關係時，就不再和諧。

3號vs.7號

當3號實做者遇到7號享樂者時，雙方都注重自我利益，皆表現得野心勃勃、渴望成功，並且都能為了自己追求的成功而不停忙碌。但他們的

附：九型人格九九表

關注點有所不同：3號關注的是自我利益中的財富和地位，他們喜歡透過社會地位來證明自己的價值，從而建立自我意識；而7號關注的是成功帶來的快樂，他們透過占有身外之物來證明自身的存在。而且，雙方都是以自我為中心的人，因此常常忽視對方，就容易引發衝突。

如果3號和7號組成家庭，他們富有魅力的形象對彼此有極大的吸引力，雙方擁有很多共同的興趣和目標。但彼此都過於看重兩人關係中快樂的成分，而忽視了關係中的缺陷：雙方都太忙了，難以抽出時間陪伴對方，就容易出現溝通上的問題。

如果3號和7號成為工作夥伴，在項目創辦之初，他們往往發揮得很出色：著眼於未來的7號把多樣的選擇有趣地結合在一起；3號則用他們現有的財產作賭注來爭取明天的成功。但到了合作的尾聲，他們會因為追求的結果不同而產生較大的分歧：3號追求目標和結果，他們可能因為效率而犧牲品質；7號追求過程中的快樂，認為過度高效率是乏味且難以接受的。當他們是上下級的關係時，這種對立更不可避免。

3號vs.8號

當3號實做者遇到8號領導者時，對立的局面往往多於和諧的局面。3號和8號都追求個人的權力、野心勃勃、富有競爭精神，他們都希望在人群中突顯自己。但8號彷彿是3號的進階版，因為注入了過多自信而自我膨脹，希望自己是領導者、決定者和當權者，希望世界按照他們的想法運轉，也就是說，他們對於成功的要求更高。當3號面對這種強化的自己——8號時，衝突在所難免。

3 號和 8 號組成家庭的機率微乎其微：8 號想要保護對方，而 3 號想要幫助對方，但彼此的方式都過於強硬而自我，使人產生壓迫感，常常引起對方的反感和反抗。而且他們都不注重自身的情感，也就不懂得表達真情，彼此間就常常產生誤會和衝突，反而將彼此的關係越推越遠。

　　如果 3 號和 8 號成為工作夥伴，他們常常處於競爭狀態，而不是合作狀態。他們都希望掌握工作的主動權，都注重結果而不是過程，當對方妨礙到自己的工作時，皆會直接做出激烈的反抗行為，這就容易引發並惡化彼此間的對立。

3號vs.9號

　　當 3 號實做者遇到 9 號和諧者時，可能出現較為和諧的局面，但也存在一些小衝突。

　　他們的性格形成互補關係：3 號追求成功，能夠為了自己的目標不斷努力；9 號總是找不到生活的目標，對自己的目標也缺乏付出和動力。當 3 號和 9 號彼此接近，9 號往往以 3 號的目標為目標，並受到 3 號實做精神的影響，激起自身的積極性，開始為了實現目標而努力奮鬥。但當雙方在實現目標的過程中受挫時，就會分崩離析：3 號尋找新的目標，9 號繼續低迷。

　　如果 3 號和 9 號組成家庭，3 號往往是家庭生活的中心人物，他們對 9 號有巨大的吸引力──目標。容易被影響的 9 號可能會把 3 號的迷人形象套在自己身上，然後自欺欺人地告訴自己：「看，我找到了我自己。我終於發現了我想要過的生活。」當 3 號的目標遭遇失敗，喪失既有的目

附：九型人格九九表

標，雙方溝通的媒介也就隨之消失，直到 3 號找到新的目標，這種溝通才會重新開啟。

如果 3 號和 9 號成為工作夥伴，也是以 3 號的目標為中心，9 號會將自己的活動頻率自動調整為 3 號的活動頻率，從而融入 3 號的積極性中，使自己也成為積極進取的人，他們會為了在規定日期之前完成工作而加快速度，讓自己的能量保持在一定水準之上。但當 9 號領導者遇到 3 號下屬時，衝突就會頻繁發生。

4號 vs. 4號

當 4 號浪漫者遇到自己的同類──4 號浪漫者時，他們能夠欣賞彼此的獨特之處，也能在審美方面達成共識，更有許多共同的興趣愛好，能夠進行情感上的深入交流，並產生強烈的共鳴，更相信對方，也更能坦誠地面對對方，承認自己的缺點。但如果雙方都想壓制對方，也會產生衝突。

如果兩個 4 號組成家庭，他們可能會因為共同的審美觀、溫柔態度和強烈的情感表達而相互吸引。但他們都喜歡關注情感中的悲傷和痛苦等負面情緒，因此他們喜歡在彼此的關係中製造隔閡和對立，以使自己感受失去快樂的痛苦，認為這樣才有利於自己體會擁有快樂的幸福。如果掌握不好這個分寸，就容易使愛人變仇人。

如果兩個 4 號成為工作夥伴，他們的合作往往糾纏不清：在面對危機時，他們能夠齊心協力；一旦風平浪靜，就失去了合作的興致。

4號 vs. 5號

當4號浪漫者遇到5號沉思者時，雙方都很關注自己的內心世界，他們的世界觀都充滿各種意義和符號的解讀，他們常常因為「局外人」的身分相互接近，以消除自己的孤獨感。他們看起來很相似，但內心世界的焦點不一樣：4號會對於情感波動格外敏感，5號生活在一個充滿抽象智慧的世界裡。他們的焦點差異常常引發誤解及對立，導致他們自我退縮、自我封閉，從而使得他們像黑暗中交錯而過的兩條船，感覺不到對方的存在。

如果4號和5號組成家庭，4號對自我形象的唯美要求會和5號的觀察力結合在一起，從而產生唯美的距離。他們用充滿象徵意義的生活方式來相互表達情感，比如寫情書、浪漫的牽手等等。但是，雙方內心關注的界限問題──親密與距離，常常是衝突的導火線。

如果4號和5號成為工作夥伴，4號感性、5號理性，正好形成良好的互補關係。受4號感染，5號在工作時往往不會像情感關係中那麼封閉，他們能夠更自如地表達自我，而5號的正向表現能夠增強4號的信心，推動雙方向前發展。總之，5號主內，4號主外，是最佳的組合。反之，則容易損害彼此的信心，增加彼此的距離，甚至形成無交流的狀態。

4號 vs. 6號

當4號浪漫者遇到6號懷疑者時，雙方都關注自身的情感以及其中的負面影響，4號能夠體會6號的害怕情緒，6號能夠體會4號的痛苦情緒，

附：九型人格九九表

因此在悲傷的時候他們會並肩站在一起，也能夠分享戰勝悲傷、痛苦之後的喜悅情緒。但雙方都會因為缺乏自信心而抱怨對方，雙方都想向對方證明自己，但是誰也不願主動向前，就容易形成僵持的局面。

如果4號和6號組成家庭，他們很容易在對方身上發現與自己相似的特徵——對負面情緒的感知，這種共通點會讓他們的關係更加牢固。但夫妻雙方也可能因為自身的脆弱而無所作為，陷入負面情緒的漩渦中：4號抱怨5號不關心自己，5號懷疑4號的愛是否真誠，雙方都陷入對最壞可能的設想中，危機就在所難免。

如果4號和6號成為工作夥伴，從正向的方面來看，他們都喜歡關注事物發展的負面影響，總是將事物往最壞的方向去設想，這使得他們隨時感到生存的威脅，從而促使這對夥伴付出行動，激發他們競爭的動力。從消極的方面來看，4號和6號都不喜歡處於公開的競爭環境中，這常常暴露他們的缺點，讓他們十分不自在，進而導致4號陷入自卑，6號陷入懷疑。

4號vs.7號

當4號浪漫者遇到7號享樂者時，雙方都是自我主義者，他們都把更多的注意力放在自己的需求上：4號追求自身的獨特，7號追求自身的享樂。7號追求享樂的方式具有多樣性，這常常滿足了4號追求浪漫、獨特的心理，而4號獨特的審美觀也常常給予7號新鮮刺激的享受。但4號的憂傷情緒常常使7號感到困擾，因為他們追求絕對的享樂，拒絕任何形式的痛苦，因此他們常常對4號沒完沒了的憂傷感到不耐煩，這反而更激發

4號的負面情緒，從而引發彼此的對立和衝突。

如果4號和7號組成家庭，4號享受悲傷，7號享受快樂，這種差異常常使得他們相互吸引，7號的多種選擇和4號的深層情感承諾往往會因為雙方的結合而達到平衡。但雙方會因為對痛苦的態度不同——4號享受痛苦，7號逃避痛苦——而引發衝突。

如果4號和7號成為工作夥伴，他們都會被對方的獨特性所感染：一個能看到各種可能，另一個能發現欠缺的事物，這樣的認知結合在一起能夠把他們指引到全新的方向。但他們之間也存在不和諧：當工作進入平穩期後，4號會因為缺乏新鮮感而感到厭煩，甚至產生破壞力；而當遭遇困難和挫折時，7號會逃避痛苦，不去尋找解決辦法。

4號vs.8號

當4號浪漫者遇到8號領導者時，他們被彼此的巨大差異所吸引：和優雅、成熟的4號相比，8號感到自己是粗魯、生硬的；但是對4號來說，狂妄不知羞恥的8號對他們有一種致命的吸引力。雙方都渴望獲得別人的關注，但又過於以自我為中心，就容易引發衝突。

假如4號和8號組成家庭，他們被視為貴族與平民的結合，他們相互吸引：4號要求伴侶提供完整的情感，而8號喜歡接觸強烈的能量。他們都很欣賞對方不願被約束的傾向，因此很可能結合在一起反對社會規則。但當4號陷入憂鬱中時，就會使8號感到困擾，而選擇離開，這又會激發4號的憤怒，卻恰好幫助4號擺脫了低迷的情緒。總之，他們是極其和諧的一對。

附：九型人格九九表

假如4號和8號成為工作夥伴，他們常常是無懈可擊的一對。他們都認為自己是不受規則限制的人：4號認為自己是獨特的，能夠超越法律約束；8號認為自己握有權威，自己比法律更強大，因此他們都是規則的破壞者。但他們之間也時常處於競爭關係，彼此都想要獲得領導地位，誰也不會向對方屈服。

4號 vs. 9號

當4號浪漫者遇到9號和諧者時，雙方都十分關注自己的情感世界，他們對情感焦點的差異也產生巨大的吸引力：9號對人態度溫和，盡量避免衝突，這通常使4號感到安全；4號的活躍和浪漫也是9號渴望的。但隨著彼此深入接觸，他們又為這種差異感到痛苦：9號總是難以給予4號渴望的關注。

假如4號和9號組成家庭，他們能夠冷靜地愛著對方。但他們都把不切實際的期望放在對方身上，浪漫者想要在情感上獲得永久的滿足，而和諧者則希望一輩子都能有人依靠，從而對彼此造成莫大的壓力。

假如4號和9號成為工作夥伴，性格差異會讓他們在工作上互補：4號是站在幕前與大眾打交道的人物，而9號則負責監督整個產品或服務的運作機制。但在合作中出現的問題，通常是4號對工作感到厭倦，而9號則一味追求安全，不願嘗試新的方案，並因此疏遠了4號。當失望的4號遇到正在獨自越走越遠的9號時，衝突不可避免地發生。4號可能會在9號清醒之前就把一切破壞掉。

5號vs.5號

　　當5號沉思者遇到自己的同類──5號沉思者時，兩個5號性格者通常能在一起過得很好，因為他們相互尊重對方的界限。5號追求獨立，喜歡在人際交往中製造距離感，以保護自己的私密空間不受侵犯。但長時間的情感分隔也容易阻礙彼此親密關係的發展，尤其是當衝突發生時，他們都會選擇退縮回自己的空間，彼此間沒有交流，形同陌路。

　　如果兩個5號組成家庭，他們往往是相當和諧的一對，因為他們不需要言語就能交流，這正是愛情的最高層次。他們雖然住在同一個屋簷下，卻各有各的空間。但是這種長期分隔的相處方式也會阻礙親密關係的發展，長時間的相互脫離也會讓沉思者開始害怕情感的空虛，他們會逐漸意識到缺乏連繫是如此痛苦。

　　如果兩個5號成為工作夥伴，則容易遭遇較大的阻礙，因為他們都不擅長與外界接觸，也不注重彼此的交流。在工作中，他們都懷有觀望情況的態度，總是花很長時間去做準備工作，而對那些要求立即行動的訊號視而不見。他們都在期望對方主動邁出一步，這種期望常常落空，因此他們不得不需要外來的協調者。也就是說，兩個5號並不適合同時做一件事情，他們常常互推責任。

5號vs.6號

　　當5號沉思者遇到6號懷疑者，雙方都屬於思維三元組，都善於思考和分析，如果他們都受過良好的教育，且能成為鑽研深度學問的專家、學

附：九型人格九九表

者，當他們在一起時，通常能碰撞出許多思想的火花。但5號注重私密性的行為常常導致他們在做決定時只願意信任自己的想法，就常常激起6號的懷疑心理，這又會導致5號的退縮，就產生了對立。

如果5號和6號組成家庭，這對夫妻的主要保持精神上的連繫，他們可能不會公開表達情感，因為他們相愛的方式是安靜的連結。比如，在同一個房間裡讀書，但是互不打擾；在一起吃飯，但是不用強迫自己說話。但因為6號總是想得到對方的肯定，因此他們往往把5號對空間和距離的需求當作拒絕，但實際上，5號的確需要時間來讓自己的真實感受浮現出來，這時他們就容易因為距離感而產生衝突。

如果5號和6號成為工作夥伴，往往遭遇極大的阻礙，因為思想會輕而易舉地取代行動，新鮮構想因為不願冒險而胎死腹中。他們都屬於容易恐懼的類型，因此總是過度地聚焦於困難。他們可能會高估競爭對手的實力，會把很多時間耗費在解決問題上。這就需要外來的協調者幫助他們做出結論，以使他們進入工作狀態。一旦進入工作狀態，他們的組合會非常有效。

5號 vs. 7號

當5號沉思者遇到7號享樂者時，雙方都屬於思維三元組，他們富有好奇心及探索精神，喜歡嘗試新方法。同時，他們皆有蒐集的癖好，也都很容易緊張和神經質。當他們相互接近，往往能夠在尊重彼此自由的基礎上很好地交流，發掘共同的樂趣。但內向的5號和外向的7號也常常因為關注點不同而產生對立。

如果 5 號和 7 號組成家庭，他們是獨立的：5 號忙著思考，7 號忙著享樂；他們又相互吸引：5 號佩服 7 號毫不拘束的自然態度，而 7 號則在 5 號身上獲得寧靜，而且 7 號總是能找到夫妻雙方都感興趣的事情。

如果 5 號和 7 號成為工作夥伴，他們常常用思想取代行動。雙方都被理論所吸引，熱衷於各種計畫，但如果他們不能把同等的注意力放在貫徹執行上，再好的想法也只是海市蜃樓。

5號 vs. 8號

當 5 號沉思者遇到 8 號領導者時，雙方都非常自立，他們都常把自己看作團體之外的人，也很容易認為自己受到排斥，並且願意和任何威脅他們獨立的人對抗到底。而且，他們都喜歡直接的交往方式，同時富有攻擊性，希望保護自己脆弱的一面。因此，他們往往能夠尊重彼此的個人空間，也就容易維持和諧的關係。但當遭遇痛苦時，彼此可能都不願意妥協，而且雙方皆很難因為自己對他人的影響而內疚。

如果 5 號和 8 號組成家庭，他們往往是和諧的一對。8 號總是想要更多，而 5 號的需求總是最少的。8 號是外向型，而 5 號喜歡退回自己的空間。但是儘管有那麼大的差異，這兩種類型卻共享著本能的吸引力，讓他們成了最常見的夫妻類型。在九型人格中，5 號性格在安全狀態下會接近 8 號，而 8 號性格在面臨壓力時，則會向 5 號發展。雙方共有的一條連線讓他們在長期相處後會變得越來越像。久而久之，激進的領導者會變得順從，而沉思者則表現出果敢。

如果 5 號和 8 號成為工作夥伴，會是非常理性的一對，他們的合作從

附：九型人格九九表

不摻雜感情色彩。5號不受自身情感所動搖，他們能夠把注意力從自己身上轉移到眼前的工作上，很少受到外在影響，總之，他們更願意待在幕後觀察他人。而8號則願意站在幕前指揮他人，他們能夠很好地傳達5號的思想，並能夠將5號的思想付諸行動。因此，主外的8號搭配主內的5號也是不錯的選擇。但是當8號的攻擊性表現得太強勢，就容易招致5號的反感及反抗，從而引發衝突。

5號vs.9號

當5號沉思者遇到9號和諧者時，雙方都不願讓自己成為關注的對象，都喜歡非言語的交流。雙方都希望得到對方的理解，但是又不想自己提出來，生怕遭到拒絕或羞辱，因此他們常常安靜地相處。然而，5號關注自我，9號關注他人，這就使得5號成為9號的關注對象，容易導致5號的抗拒感和退縮行徑，從而引發9號的被拋棄感，衝突由此產生。

如果5號和9號組成家庭，他們的愛情是長流的細水，但偶爾也需要泛起一點波瀾。這兩種人的情感反應都很遲鈍，9號的情感只能慢慢地表現出來，而5號會在與他人接觸時壓抑自己的情感。雙方在一起時，可能會達成避免衝突的協議，各自允許對方擁有一定的私人空間，讓另一半能夠獨處。但夫妻間的這種疏離感會使雙方都專注於自己的生活軌道，使得雙方的生活圈越來越遠，關係越來越淡。

如果5號和9號成為工作夥伴，他們信奉和氣生財的工作理念，盡量避免衝突，因此常常能形成和諧的工作關係：9號扮演了衝鋒陷陣的角色，他們站在前面與大眾打交道，而5號則扮演了幕後軍師的角色，他們在後

面不斷修改完善工作計畫。但因為雙方都想被對方帶動，因此在表面的和諧氣氛下，可能潛藏著缺乏動力的問題。

6號 vs. 6號

當 6 號懷疑者遇到自己的同類——6 號懷疑者時，6 號習慣懷疑他們所面對的一切，這種特質讓人感覺他們總是在反對，但 6 號認為這是逆向思考，是一種梳理方式，因為它說明了問題的另一面，能幫助人們更全面地看待問題，避免發生錯誤。當兩個 6 號在一起時，他們往往會因為反覆詢問而避免相互生疑，能夠對彼此忠誠，從而有利於形成穩定和諧的關係。當然，當他們過於懷疑對方時，則很難建立起和諧的關係。

如果兩個 6 號組成家庭，他們往往能夠相互給予力量支持，尤其是當他們處於被壓迫的狀態時。但這種共同的懷疑會讓兩個人相互影響，共同堅持錯誤的觀點，這時，自信心的一點點漏洞都可能被放大為嚴重的災難。此外，他們都聚焦於雙方關係的精神意義，可能因此忽視了讓他們在一起的生理吸引和情感吸引，也就是說他們容易進入「無性婚姻」的狀態。

如果兩個 6 號成為工作夥伴，他們能夠在困難時刻相互關照、相互安慰。他們都喜歡帶著懷疑的目光審視權威，但面對恐懼的不同態度會使得他們有不同的行為：恐懼症型的 6 號試圖尋找強大的保護者，而且他們會非常感激那些在衝突中堅持站在他們身邊的人。反恐懼症型的 6 號，同樣會感到害怕，但是他們會轉變成辦公室內的反叛領袖，質疑當權者的領導方式。

附：九型人格九九表

6號 vs. 7號

　　當6號懷疑者遇到7號享樂者時，雙方都屬於思維三元組，他們都受到焦慮感的驅使，但他們應對焦慮的方式大不相同：6號在遇到焦慮時非常煩惱，這常常使得他們更加焦慮、悲觀，又會反抗自己的擔憂並懷疑他人的目的；7號則會用一系列的後備計畫來尋找快樂、消除自己的憂慮。這就會使7號不自覺地去依賴6號，從而表現出他們自身固有的偏執，而6號會透過7號的享樂行動減緩一定的焦慮感。但是因為他們一個看到最好的可能，一個看到最壞的可能，如果掌握不好兩者的協調，他們之間的衝突會多於快樂。

　　如果6號和7號組成家庭，他們需要相互肯定，才能讓目光交織。7號對快樂的追求能夠為6號的懷疑心提供一劑良藥。同樣地，能夠在困難時期保持忠誠的6號也能為害怕痛苦的7號療傷。但是如果7號為了獲得更大的自由，開始花言巧語、遮掩事實，就會引發6號的疑心，對立就由此出現。

　　如果6號和7號成為工作夥伴，他們往往不是和諧的一對。雙方都喜歡在短時間內改變主意：6號會懷疑，而7號則被新的想法所吸引。這就使得他們在面對問題時，都會選擇拖延時間，雙方都期望對方能夠集中精力，但是彼此都有無法堅持到底的毛病，因此常常讓情況變得更加嚴重。當然，他們在目標一致的前提下也能夠共同奮進。

6號vs.8號

當6號懷疑者遇到8號領導者時，雙方都是具有攻擊性的人格類型，但對於攻擊的理解有所不同：6號是被動的攻擊，8號則是主動的攻擊。當他們接近彼此時，8號往往是十分積極的追求者，這對消除6號的疑慮大有幫助，而且8號透過掌握控制權和提供保護來獲得安全感，這與感到不安的6號正好互補。而當6號將8號視為可信任的權威時，他們就能夠對8號忠誠。但當8號的力量不夠強大時，彼此就很容易產生衝突。

如果6號和8號組成家庭，他們會是和諧的一對。6號渴望獲得權威人物的保護，而8號努力將自己塑造成一個權威人物，因此他們常常因為強烈的互補性而激發出愛情的火花。此外，他們又都是現實主義者，認為愛就要實際行動，能夠在困難時對伴侶不離不棄。但當8號對6號投入過多保護時，就會使保護變成干涉，容易激起6號的反抗，而6號的反抗又會激起8號的憤怒，容易導致彼此對立。

如果6號和8號成為工作夥伴，一個謹小慎微，一個魯莽衝動，容易因為彼此巨大的差異而遭遇莫大的挑戰：在面對壓力時，8號傾向於先發制人，他們想要迅速掌控局勢；6號習慣退縮，仔細考慮行動的後果。但如果他們能夠在合作過程中清楚制定雙方職責，並定時進行直接有效的交流，也能形成和諧的合作關係。

附：九型人格九九表

6號vs.9號

當6號懷疑者遇到9號和諧者時，雙方都注重安全感、希望維持現狀，也都能夠以家庭為重，這常常使得他們自然而然接近彼此。然而，他們都不是主動性強的人，都覺得以他人的名義行動要比以自己的名義行動容易得多。結果是，他們既可能相互支持，也可能為了「誰該先做」的問題爭個不停。

如果6號和9號組成家庭，他們常常會在愛情中迷失自己的方向。在6號和9號的夫妻關係中，9號往往扮演著安撫、給予慰藉的角色，因為6號會把這對夫妻的擔憂表達出來，就導致6號在承諾和懷疑之間搖擺不定。因為他們在九型人格中共享了一條連線，使彼此經常互換位置，從而幫助他們更容易理解和支持對方。但在雙方都不願意完全投入的情況下，9號會變得失去活力，而6號則會坐立不安，努力想要加深與9號的親密關係，這常常使得9號覺得受到威脅，因而變得更加被動。

如果6號和9號成為工作夥伴，他們往往能彼此信任，形成較為穩定的合作關係。9號在感到安全時，性格就會近似於3號的性格，而且也會被3號追求的成功所吸引。6號雖然懷疑自己的成就，但就像任何能幹的人一樣，他們會盡量讓自己符合工作的要求。但是，這也可能導致他們承攬太多工作到自己身上，承擔許多不必要的責任，從而耽誤自己工作的安排。而且，因為雙方都是缺乏主動性的人，因此當他們處於充滿競爭的工作環境中，容易因為承受過大壓力而消極行事。

7號vs.7號

　　當7號享樂者遇到自己的同類──7號享樂者時，雙方都精力充沛，無拘無束，樂於追求新事物和新體驗，他們不只自己快樂，更會把這快樂與身邊的人分享。他們崇尚自由，不願受到束縛，雙方在一起常常容光煥發。但最大的問題在於他們都只關注自己，對對方沒有耐心，也都很難承諾一段關係，使雙方關係產生陰影。

　　如果兩個7號組成家庭，對方通常符合彼此理想伴侶的條件，他們精力充沛、獨立、樂觀、成功並勇於冒險，正因為如此，兩個7號互相結合的夫妻通常會是非常好的玩伴和知己。但是他們的愛情很難長久，好奇心和渴望冒險讓7號很難對某段感情保持專一，他們也都害怕枯燥或者束縛，常常很快就對彼此失去了興趣。

　　如果兩個7號成為工作夥伴，他們常常會感覺很快樂，尤其是在短期、快節奏的項目上，如果把他們放在正確的工作職位上，就會使工作效率達到最高程度。當兩個7號同意向著共同目標前進時，他們總是能看到無限的可能性，這讓他們有可能產生創造性的合作。但他們都只關注自我，有可能導致雙方都固執己見，也有可能彼此都覺得自己應該得到更多，在待遇問題上不斷發生摩擦。他們都喜歡創造並構思，卻不願意親自負責實施，可能導致工作難以完成。他們雙方自尊心也都很強，如果一方提出評論指責，就會陷入彼此爭執。

附：九型人格九九表

7號 vs. 8號

當7號享樂者遇到8號領導者時，雙方都是自我肯定的類型，他們充滿活力，有堅強的意志去達成目標。在正向行動中，7號會比較輕鬆愉快，而8號則沉穩有力，他們往往合作愉快。他們都喜歡熱鬧喜悅，在一起常常會很盡興。但他們常常互有主張，都不願受到任何束縛或限制，當意見不合時，8號傾向於恐嚇，7號則會逃避受控，甚至侮辱或蔑視8號的權威，因此他們常常會把小事鬧大。

如果7號和8號組成家庭，他們會是一對前景光明又充滿能量的夫妻，雙方都是能瘋狂玩樂的人，他們通常可以擁有創造性的娛樂、滿意的性生活以及刺激的冒險，生活也會時常充滿甜蜜。但當8號開始想要限制7號的活動時，雙方的衝突就出現了，7號會尋找藉口擺脫，他們並不是那麼容易點頭屈服的人，面對不斷加重的壓力，7號開始表現出1號的特徵，變得挑剔。事情演變到這樣的狀態，雙方常常會形成不斷爭執的局面。

如果7號和8號成為工作夥伴，只要雙方彼此信任，他們的衝動會立即變成實際行動。7號的想像力能夠產生創造性的技術或者獨特的想法，其樂觀精神和創造力也能夠推動企業不斷向前發展，而8號則讓項目的推動更加迅速且有效。但如果8號過於強硬，7號員工就會覺得自己遭到控制，從而堅決反抗。

7號 vs. 9號

當7號享樂者遇到9號和諧者時，雙方都很友善且不喜衝突，他們都正向和陽光，7號比9號主動、自信，9號更為平穩、寬容，因而他們會是很好的夥伴。但由於雙方都不願意去面對和解決困難，往往選擇容忍和逃避，因此如果問題無可避免，他們就會相互埋怨，7號會憤怒焦躁，而9號會退縮躲避，雙方缺少正常的溝通，甚至會越鬧越僵。

如果7號和9號組成家庭，7號能夠為給家庭生活帶來活力，9號在他們的帶領下常常變得興趣非常廣泛。但如果專注於自己興趣的7號過度忽略了9號的需求，就可能引發9號的怒火，引起衝突。

如果7號和9號成為工作夥伴，7號是非常靈活的人，而9號則非常願意合作，且根據習慣生活，是處理細節問題的能手，二者工作風格上的巨大差異常常可以讓他們這段關係更有效地互補。但雙方都不善於科學管理時間，7號總是同時做著好幾件事情，9號則會在一些細枝末節上打轉不前，這種情況導致工作計畫偏離預定，直到最終期限逼近時，他們才會開始緊張並關注眼前要做的事情。

8號 vs. 8號

當8號領導者遇到自己的同類——8號領導者時，形成兩個領導者的交流，他們在一起常常會富有熱情和活力，會有英雄所見略同的感覺。雙方都意志堅定而實際，不會空談，比較務實，兩個人在一起常常可使美夢成真。但他們的關係通常並不穩定，彼此都有很強的自尊，會不自覺地爭

附：九型人格九九表

奪主導權和控制權，難以做到平等對待和分享，常常會引發一些摩擦。

如果兩個8號組成家庭，雙方會經常感覺到生活的活力，有一種本能的吸引，也常常會在很多方面引起共鳴，或在很多方面有相似的見解，往往一拍即合。但是因為雙方都比較強勢，只關注自己想要的，常常忽視對方的感受，所以他們在一起時常常引發激烈爭執，如果雙方都不肯示弱，很可能會因此分道揚鑣。

如果兩個8號成為工作夥伴，通常可以迅速達成共識，並推進所商議的想法。雙方在一起時會有惺惺相惜的感覺，相似的節奏常常讓他們的配合特別有效率和推動力。但是他們之間如果沒有清楚的界限，將無法避免權力之爭。他們都不願被他人控制，除非有共同的利益，並且需要相互幫助。大部分8號都是辦公室政治的參與者，他們總是善於利用規則來維持或改變現有的權力格局。

8號 vs. 9號

當8號領導者遇到9號和諧者時，8號常常帶著領導力進入這段關係，而9號往往會被8號的大無畏精神所吸引。同樣地，9號對8號往往會有安撫作用，能帶給他們所需要的平靜和安詳。但是8號的強勢也會導致9號退縮封閉，進行消極對抗，從而使得雙方關係陷入僵局。

如果8號和9號組成家庭，8號常常把興奮的情感帶入雙方的關係，激發伴侶的能量，8號的欲望和9號的忘記自我意識常常會讓他們共同追求舒適的生活，這對夫妻能夠在家裡和睦相處，對伴侶和朋友都十分慷慨。但如果9號情緒低落，常常會選擇不去配合8號的意志，往往從而使

8號挑起爭端，而9號會不斷選擇逃避和轉移注意力，擱置問題，進而可能引發更大的衝突。

如果8號和9號成為工作夥伴，8號喜歡掌控，會主動發起行動，而9號期待和諧，會負責調停和提供支持，當他們的能量結合在一起時，可以產生非常良好的。但是8號很容易生氣，而9號善於被動反抗，強硬的8號面對柔軟而頑固的9號常常無可奈何，但是憤怒也可以讓9號的將不滿開誠布公，這樣反而能讓雙方的關係正常化，因為8號知道了真相，而9號也因為說出真相而最終得以解脫。

9號vs.9號

當9號和諧者遇到自己的同類——9號和諧者時，雙方都安靜溫和，希望和諧，對別人和自己都不苛刻，樂觀而豁達，這使得他們在一起通常會很舒適，也會有很多共鳴。但是他們都尋求和諧而不願意主動提出問題，從而對彼此都會產生許多表面和諧之下的成見，雙方常常在隔閡中忍受痛苦和不斷迴避，甚至導致最終必須面對衝突。

如果兩個9號組成家庭，很少發生衝突，他們也不會對彼此施加很多壓力，這讓他們在一起特別舒適，關係也會非常穩定和長久。問題在於雙方都不主動，在一起時常無法決定意見，兩人會因此而經常迷迷糊糊。而關係如果出現問題，會因為雙方都習慣迴避而帶來更多隱患。

如果兩個9號成為工作夥伴，通常會彼此尊重、彼此妥協，都不想影響他人和產生衝突，因而往往能保持長期合作的關係。但他們在合作當中常常忘記自己的想法，也不願意明確表達自己的立場，就會帶來一些隱

附：九型人格九九表

患，而他們的迴避常常使得問題惡化，直到最後忍無可忍而爆發。他們需要學會明確表達自己的立場，了解衝突是不可避免的，了解妥協不是萬能的藥方，只會帶來更多的隱患。

九型人格解碼，擁抱自由與成長：
性格分析 × 職場分析 × 愛情分析，從性格迷霧到自我覺醒的全景之旅，現代人需要的心理自我診斷書！

作　　　者：	文心
責 任 編 輯：	高惠娟
發　行　人：	黃振庭
出　版　者：	財經錢線文化事業有限公司
發　行　者：	崧燁文化事業有限公司
E - m a i l：	sonbookservice@gmail.com
粉　絲　頁：	https://www.facebook.com/sonbookss
網　　　址：	https://sonbook.net/
地　　　址：	台北市中正區重慶南路一段61號8樓 8F., No.61, Sec. 1, Chongqing S. Rd., Zhongzheng Dist., Taipei City 100, Taiwan
電　　　話：	(02)2370-3310
傳　　　真：	(02)2388-1990
印　　　刷：	京峯數位服務有限公司
律師顧問：	廣華律師事務所 張珮琦律師

-版權聲明-

本書版權為樂律文化所有授權財經錢線文化事業有限公司獨家發行電子書及紙本書。若有其他相關權利及授權需求請與本公司聯繫。

未經書面許可，不得複製、發行。

定　　　價：420元
發行日期：2025年02月第一版
◎本書以POD印製

Design Assets from Freepik.com

國家圖書館出版品預行編目資料

九型人格解碼，擁抱自由與成長：性格分析 × 職場分析 × 愛情分析，從性格迷霧到自我覺醒的全景之旅，現代人需要的心理自我診斷書！/ 文心 著 . -- 第一版 . -- 臺北市：財經錢線文化事業有限公司，2025.02
面； 公分
POD版
ISBN 978-626-408-153-5(平裝)
1.CST: 人格心理學 2.CST: 人格特質
173.75　114000467

電子書購買

爽讀APP　　　臉書